周超与杨丽萍老师圆桌论坛

周超所获诸多奖项

周超被新浪评为“致敬城市脊梁”——
中国百强家居品牌经理人

周超与杨丽萍老师合影

周超在羊城印象微电影节领奖

刘欢与杨丽萍老师深度互动

刘欢主持北京非遗中心表彰活动

周超、刘欢与水皮合影

BUSINESS BREAKTHROUGHS

THE RULES OF TURNING FAILURE INTO SUCCESS

创业破局

转败为胜的必修法则

周超 刘欢 著

電子工業出版社
Publishing House of Electronics Industry
北京 • BEIJING

图书在版编目（CIP）数据

创业破局：转败为胜的必修法则 / 周超，刘欢著. —北京：电子工业出版社，2019.8

ISBN 978-7-121-37039-7

Ⅰ. ①创…　Ⅱ. ①周… ②刘…　Ⅲ. ①创业—通俗读物　Ⅳ. ① F241.4-49

中国版本图书馆 CIP 数据核字（2019）第 138077 号

策划编辑：于军琴
责任编辑：于军琴
印　　刷：三河市华成印务有限公司
装　　订：三河市华成印务有限公司
出版发行：电子工业出版社
　　　　　北京市海淀区万寿路 173 信箱　　邮编：100036
开　　本：720×1000　1/16　印张：10.75　字数：139 千字　彩插：2
版　　次：2019 年 8 月第 1 版
印　　次：2019 年 8 月第 1 次印刷
定　　价：58.00 元

凡所购买电子工业出版社图书有缺损问题，请向购买书店调换。若书店售缺，请与本社发行部联系，联系及邮购电话：（010）88254888，88258888。

质量投诉请发邮件至 zlts@phei.com.cn，盗版侵权举报请发邮件至 dbqq@phei.com.cn。

本书咨询联系方式：（010）88254112。

推荐序一

/ Recommendation Preface 1

创业的真相：没有理论，只有经验

实话实说，在读到这本书之前，我没有想到的是，周超和刘欢脑子里装的故事这么多，作为职场精英，她们是真正的有心人，不仅有出众的观察力和过人的情商，而且有想法，有一种超越本职工作要求而看大局的能力。

这是一个大众创业、万众创新的时代，对年轻人的创业热情，我一直以来的感觉都是喜忧参半，既乐见他们的激情，又担忧他们缺乏经验，不是说姜必须老的才辣，而是说创业这件事和书里讲的理论知识完全不是一码事，很多年轻人从象牙塔里刚刚走出来，就要当老板，成功的概率实在是低之又低。

很多人喜欢拿比尔·盖茨和乔布斯说事，因为他们都是大学辍学就创业且成功了的，不仅是成功，而且是巨大的、难以超越的成功，其实，这就是我们经常提到的“幸存者偏差”，用中国人自己的话说，那就是“一将功成万骨枯”，我们只看到最成功的那个人，可是我们看不到、听不见的是那些更多的失败者，失败者是没有话语权的。

但是，观察者有说话的义务和责任。我们是观察者，可以替失败者说话，不仅讲成功的经验，还讲失败的教训。作为媒体人，我们是有责任去揭示创业的完整真相的，作为职场人，这本书的两位作者也担当起了这样的责任。

只有了解了创业的真相，还义无反顾地冲进去创业，我们才可以说这个人是看清楚、想明白了的，愿意承担创业风险的，他需要自己承担风险，而不是拉上社会给他承担风险、为他垫背，他也需要自己咀嚼失败的滋味，当然最大的那一份成功的收获也是归属于他个人的。在这样的一个过程中，一个个创业者甘愿承担创业风险，最后汇集出来的是创业者群体对于整个社会创新所奉献出来的成果。我想，这就是应该有的大众创业、万众创新的态度吧。

周超和刘欢的《创业破局：转败为胜的必修法则》正是这样的一本书，给创业者以真相，有成功的经验，更有失败的教训，这里没有理论，只有故事，且是经验故事。知识和经验哪一个更重要？我的答案是经验。什么样的经验更重要？自然是自己的经验，吃一堑长一智。但是，如果自己的经验不足，那么在创业之前、创业过程中，看一看别人的经验教训，也是一个可取的办法。

在周超、刘欢她们的笔下，呈现出来的是一个个不同性格、不同背景、不同经历的创业者画像，让我们读得津津有味。故事就是案例，你可以总结创业的教训，也可以发现成功的机会，当然，故事首先还是故事，是一些可以读得畅快淋漓的人和事，有纠葛，有希望，这些都一一被展现在我们眼前。

最后，我非常认同作者的一句话：“创业失败，并不代表创业者后来生活窘迫，相反，很多创业者在失败之后通过总结教训、重整旗鼓或是回归职业经理人身份，都过上了优越的生活！”

这才是创业的真相。

水皮

（资深财经评论家、华夏时报总编辑）

推荐序二

/ Recommendation Preface 2

创业，一场“学知利行”的人生修炼

周超和刘欢是我的好朋友，以“创业心态”打工的她们不仅仅是优秀的职业经理人，更是成功的职场“创业者”。

当下我们所处的新时代，为创业者提供了最好的创业氛围，很多人选择创业来实现理想、张扬个性、改变人生。但创业既是一场冒险，又是一个技术难度相当高的“活计”。所以失败的概率很大，成功的概率很小。如何提高成功率，本书就是一本极具价值的创业指南书。

要创业，要成为一名创业者，首先要想清楚一件事：“为什么创业？”所以创业首先是一个立志的事，立志的大与小将决定创业的成与败。

把创业当作出人头地、发家致富、过上好日子的途径，立这种小志向的人如果聪明且勤奋，还能抓住机会的话，总会有小成。但这种创业者可能会遇到两种情况，一是在创业过程中喜欢“投机”，爱走捷径，所以韧性不够，一旦遇到挫折就容易放弃；二是这种创业者容易“小富即安”，一旦赚到了钱就把精力放在物质满足上，发展动力和后劲不足。还有一种人，他们在创业的一开始就立了大志，怀揣着某种理想和情怀，这种人天生就具有使命感，他们可以穿透“迷雾”、看见“天道”，时刻遵从内心的召唤，并用从身体基因里迸发出来的“洪荒之力”克服一切艰难险阻，从一个胜利走向另一个胜利。

马云说：“大多数人是因为看见所以相信，少部分人是因为相信所以看见。”我相信，创业者一定是这少部分人当中的一分子。

儒家从天赋上把人分为三等：生知安行、学知利行、困知勉行。“生知安行”的人与生俱来知道自己的使命，并通过让更多的人相信而看见，创造前所未有的事业，乔布斯、马云都是这样的创业者，极其稀缺、百年一遇。“困知勉行”的人既没有天赋，后天又不修身践行，所以注定浑浑噩噩、平庸一生，这种人占绝大对数。但可以肯定的是，创业者都是“学知利行”的人，他们一开始并不知道自己能成为什么样的人，能创造多大的事业，实现多大的人生价值。但他们到了一定时候，有了这种意识就敢于行动，一旦确立目标就矢志不渝、艰苦奋斗、百折不挠，取得令人瞩目的成绩。

所以创业者要有好的心态，不做机会主义者，更不急于求成，而是秉承“学知利行”的人生信念，把创业当成一种享受，“扎硬寨、打呆账”，步步为营，志存高远又脚踏实地，用坚定的信念和超出常人的毅力创造一个又一个不可能的奇迹。

我们相信，创业者是极其智慧的，又是极其笨的。想成为一个成功的创业者，必有一股狠劲，也必有一股“笨劲”。这个世界有太多的小聪明者，但有大智慧的人很少。

国学大师钱穆说：“古往今来有大成就者，诀窍无他，都是能人肯下笨劲。”胡适也说：“这个世界聪明人太多，肯下笨功夫的人太少，所以成功者只是少数人。”

创业者是稀缺“物种”，是芸芸众生中的少数人，所以我们希望优秀的创业者能够成功。同时，对于大多数人而言，不能成为创业者，但也必须有与创业者同行的良好心态，做职场的“创业者”，成为那些优秀创业者的同行者，乃至事业的合伙人。

有一句话说得特别好：“只有已经走了太远太远的人，才知道怎么走远。”所以希望创业者们可以通过本书启迪心智，掌握在创业道路上走得更远的方式与方法，并最终取得成功，拥有灿烂的人生。

张永志

（腾讯家居总编辑、资深媒体人、
策划人、企业战略及品牌营销观察家）

自序
/ Preface

“创业！”“当老板！”这几乎是每个人都曾有过或者正在考虑甚至正在实现的梦想。

尤其当我们看过太多成功企业家的创业传奇故事，听过太多创业教父的成功故事之后，似乎只要沾上“创业”这两个字就意味着飞黄腾达，只要当上老板就能一夜暴富……长久以来，“创业”一直被当作一个褒义词，或者至少是一个中性词，在大家的印象中，“创业”至少不是件坏事。

然而，我却见过太多人在创业过程中的纠结和无奈，看到过太多人在创业失败后的无助与痛苦。大家在顶礼膜拜成功人士的时候，往往忽略了那些失败人士的教训，人性的反复、情感的纠结、忠诚与背叛等都在创业过程中被体现得淋漓尽致，尤其是当这些事情就发生在你身边，就发生在你的同事、同学、朋友身上时，更有一种说不清楚的感觉。

这里，我将这些不同性格、不同背景、不

同经历的创业者的故事一一讲述出来，并总结他们在创业过程中的教训，探讨其中可能成功的机会点，希望给正在创业的你们以借鉴。

在开始之前，还要给大家纠正一个观念：创业失败，并不代表创业者后来生活窘迫，相反，很多创业者在失败之后通过总结教训、重整旗鼓或是回归职业经理人身份，都过上了优越的生活！

现在，就一起探索他们的故事吧。

周超

目录

/ Contents

/ Chapter 01 /

第一章

阶层是影响成功的基本因素

第一节
个人主义的利弊

李盼的性格肖像

李盼其人，个子不高，170厘米左右，梳着帅气的小分头，单眼皮，皮肤白皙，习惯穿一身浅灰色的西装，不系领带，一看就是职业精英的形象。

李盼是做销售的，他的销售业绩一直是公司里最好的，形容他绝对可用“意气风发”四个字。或许他天生就是做销售的料，他做销售靠的不是能说会道，也不是靠拼酒到吐血，他骨子里就透着一股精明，什么时候该压货，什么时候该促销、回款……一本大账在他脑子里比计算机还靠谱。潜在客户、八竿子打不着边的客户……在他这儿只要见上一面，后期绝对能搞定。

在这一本本的功劳簿后面，有他的精干、有他努力的付出、有他严谨工作的态度，当然也有一点点不安于现状的骄傲和不屑！

代表了一类人的特点

1. 非常擅长做销售，掌握了大量的客户资源和公司资源。

2. 有一定的专业性，工作中取得了一定的成绩，属于公司核心员工。

3. 对自身现状不满足，有欲望、有野心。

▼创业前的他

自认为销售业绩好，公司一大半的业务都靠自己撑着，每年能给公司带来不少利润，但又觉得领导给的提成太少，于是想自立门户，带上几个同事自己创业。自认为这一行早就熟了，以自己的能力轻轻松松就能完成创业！他认为做企业最难的是市场和客户，只要把客户牢牢抓在手里，企业就成功了一大半。

代表了一类人的想法

1. 公司一大半的业绩、利润都是自己带来的，是个人在支撑着整个公司。
2. 领导什么都不干，如若没有这几个有经验的业务经理，公司可能早经营不下去了。
3. 只要有客户、有市场，创业就一定能成功。

经典案例

第一次见到李盼是在集团公司的年会上。年会的主要内容自然是全国各大区分公司总经理的工作述职、突出人物的表彰、来年目标的确定等。虽说是个激励人心的盛会，但冗长的流程、无聊的表演、轮番的敬酒和讲话也着实令人烦闷。

李盼是华东大区的分公司总经理，以上海为核心的华东大区是今年全集团业绩最好的。尽管如此，因李盼不喜欢这样的场合，他一个人安静地坐在饭桌前，应付着三三两两来敬酒的同事和客人。

“李总，上海今年又是业绩第一名，祝贺您哦。以后请多多指教！”市场总监周小姐过来敬酒了。

“哦，您客气了！”李盼起身应付着。

“以前总听说上海业绩好，今天算是见到‘真神’了，幸会！”周小姐看这里清静，也就坐下了，准备小聊一会儿。

“哎！这算什么啊，我以前是自己开公司的，后来公司倒闭了……”李盼轻轻抿了一口酒，眼神里有些落寞。也没问对方是否想听，李盼开始絮絮叨叨地讲起了他的创业故事。

在参加工作的前五年里，他一直都是公司的销售冠军，而且是把第二名远远甩在身后的那种“常胜将军”。他当时销售的产品以食品为主，尤其是汤圆、粽子等季节性产品，每到节日，订单多得数不过来！平时，他主要销售速冻水饺、速冻包子等产品。由于这些产品平时主要在超市售卖，所以上海大大小小的超市经理、经销商都成了李盼的“铁哥们儿”，凡是他的货一律无条件支持。这些兄弟也成了他日后创业的宝贵资源。

“因为业绩特别好，我也攒了一些钱，所以后来干脆就自己买了个加工厂，开始自己生产”，说到这里，李盼淡然的脸上闪过一丝笑容，“就这样，我自己当上了老板，自产自销。”

“那你的公司是怎么倒闭的？”周小姐轻轻地问了一句。

“我聘请了一个生产经理，让他帮我把控质量问题，但是他没有把好关，生产出来的5000斤粽子发酸，有严重的质量问题。而这些产品却全部流向了超市，超市验货发现后全部退货了。当时正值端午节，因为没有及时提供合格货品，还产生了很多违约罚款。”

“哦，这样啊！”周小姐发现李盼在说这些的时候竟是那样的平静，可是眼角的落寞和无奈却掩饰不住，周小姐不知道该用什么言语来安慰他。

“光这些也就算了，可是后来……”李盼顿了一下，继续说下去，“后来，公司里有一名员工想偷公司机械井的配件，被电死了。”

“啊？”

“员工家属不依不饶，拉着横幅来工厂里闹事，要求赔偿，工厂根本无法正常开工。虽说我们都知道他肯定是去偷东西的，但是没有摄像头，也没有相关的管理制度，家属就认定是工伤，不断闹事，想要巨额赔偿。”

“那后来呢？”周小姐继续问着。

“后来，当地工商、公安都介入了，把我们的工厂查封了。刚刚出了食品安全事故，后来又出了事故，直接就给查封了！”

“那后来呢？后来您去做什么了呢？您是怎么熬过那段时间的？”除了给李盼添点儿酒，周小姐实在不知道该怎么安慰他。

“工厂没了，但是我还欠了好多好多债，欠超市的罚款，欠给死者家属的赔偿，欠供应商原材料的货款，还欠员工的工资……欠了很多很多钱！因为还有工商、税务的一些法律责任在身上，当时也没有企业敢用我。”

“真的太不容易了。那你是怎么挺过来的呢？”周小姐深深地觉得他不容易。

“后来我就回农村老家了，我必须还债！回农村后我就自己煮粽子，用木柴烧火，用老家的那种大铁锅煮，一锅一锅地煮。我的父母帮我包粽子，我负责烧火煮，没日没夜地煮，记不清自己煮了多少粽子，总之一直在煮。我记得很清楚，有一次，我的一个经销商大哥去老家看我，当时我光着身子，穿一条很破的短裤，满脸是汗地正烧着火煮粽子。大哥说，你怎么会成这样了呢？”李盼顿了顿，终于说不下去了。

“回去之后，大哥召集了好多经销商老朋友，商量怎么帮我。”顿了一会儿之后，李盼又继续说下去，他此刻的倾诉欲望或许比别人倾听的欲望更强。

很多故事，听的人已经听不下去，但说的人却更有一番凄婉和苍凉的感觉。

“多亏了我那帮做经销商的兄弟们！因为我的粽子是自己做的，没有生产资质，不能再进超市销售，但他们很讲义气，冒着各种风险，只进我煮的粽子，通过卖给大客户、食堂、发职工福利等种种措施，帮我把产品全销售出去了！只那一年，我把全部债务都还清了！”

李盼看了一眼周小姐，说到这儿，他的眼神里并没有轻松和自豪，依旧是淡淡的落寞和平静。

“那后来呢？你就来咱们集团工作了？”周小姐试探地猜测。

“是的，还清了债，我就来咱们公司上班了，卖咱们公司的产品，还是销往上海的各大超市”，李盼望了一眼正在远处敬酒的几个经销商，他们刚刚获得了优秀经销商的年度奖金，看不出来他们还跟眼前这个瘦瘦小小其貌不扬的华东大区经理有这样的渊源！

周小姐终于读懂了李盼眼中的落寞：同样的人，同样的渠道，同样的做事流程，但心情却截然不同。往事历历在目，无时无刻不在提醒着这位传奇英雄的失败。英雄末路、起起伏伏，经历过如此跌落云端的人生后，留在他脸上的怎能不是平静？

拿在李盼手里的那个“集团销售冠军”奖牌，于他来说或许只是一种讽刺和对往事的提醒。他不敢想象以后还要不要再次创业，更没有要东山再起的豪言壮语和意气风发，至少目前，他有的只是眼中的落寞和脸上的平静。

再次见到李盼是在半年后上海分公司的办公室里。员工都在忙碌着，一个瘦瘦的、小小的、稍微有些苍老的男子拿着扫把在扫地，一脸的落寞和平静。

“李盼？李总？”周小姐上前招呼，不敢相信一个分公司的老总，没有发号施令，没有统筹规划、分解目标，没有拿着电话指挥业务，却在扫地，安静地扫地。但上海分公司的业绩依然是集团第一名。

“哦，我是李盼，有事吗？”李盼微微抬起头，嘴角浮现出一丝淡淡的笑容，他并没有像别的分公司总经理一样，对这位市场总监周小姐不住恭维、热情寒暄，虽然他们之前已经认识了，并在北京有过短暂的交谈。

“嗯，我没事，方便的话晚上一起吃个饭，坐坐！”周小姐主动邀请。

“好啊！”李盼淡淡一笑，仿佛是对待一个再熟悉不过的人……

创业心经

失败的主要原因总结：自以为“得客户者得天下”！

很多出色的销售都曾经这样抱怨过：“我一年能给公司拉来多少客户，给公司创造了多大的利润，却只拿一点点提成，剩余价值都被领导拿走了！”然后雄心勃勃地开始创业。

总结上述案例失败的原因，主要可以归纳为以下几个方面。

1 片面放大自己在销售方面的贡献，忽略了平台带给他的巨大支持和保障。

能够搞定市场、攻下客户的人确实让人佩服，如今各公司也确实是销售为王，但案例中的李盼却忽略了一个重要问题，那就是公司这个平台，正因为有这个强大的平台才使得他的销售特长能够施展，而且老板承担了资金、税务、人员管理、生产等一系列风险，但是很多做销售的人员却忽略了这一点，片面放大自己对公司做的贡献。

2 个人英雄主义情结严重，忽略团队做出的贡献，不注重团队配合和资源整合。

在他拿下一个又一个的订单时，生产、物流、品牌、品控、财务等各部门做出的配合和支持是不可忽略的，这更多的是一个团队的功劳，但他却过多地将其归结为个人的功劳。所以当他踌躇满志地去创业时，这些没有想过的问题便一股脑儿涌现出来了，创业也注定是失败的结局。

3 没有一套完善的管理体系。

在李盼的这个案例中，看似是由两个偶然事件导致失败的，一个是不称职的生产经理，另一个是公司内部出现了小偷。但细想一下，如果有一套完善的体系，那么这两个事件完全可以避免。

（1）通过完善的生产体系避免食品安全事件发生。

如果生产体系足够完善，肯定会有“生产标准、标准作业流程、品控质检、市场督查”一系列流程，仅有一个生产经理是不够的。“酸粽子事件”绝非偶然，即使没有酸粽子，之后也可能会产出其他不合格的产品。

（2）通过完善的安全体系避免困境发生。

一个普通工人随随便便就能打开机械井，这是管理制度的疏漏，说明任何人都可以随便靠近危险设备。工人出事了，说明机械井也一定是存在故障的，如果平时固定检修、经常维护，应该也不会造成惨剧的发生。而且关键位置没有安装摄像头、红外线等安全设备，导致出了问题无法找到证据。

反败为赢的机会点

1 将工作重心转移，由抓销售转为抓管理。

在案例中，李盼由一个销售精英转为创业者，本身就是一种自我的升职，需要进行自我角色的转变。做管理和做销售完全是两回事，一个是将才、一个是帅才！他每天的日常工作应该从谈客户、看销售报表，转为抓内部管理、协调和平衡各部门的运转、筹集资金、预估风险等。

2 建立一整套完善的管理体系。

自己创立公司之后，要负责的事情非常多，即使每天加班加点也不一定能做到面面俱到。但不管哪一个环节出了问题，最后担责任的肯定是老板。要想解决这一问题，根本办法就是建立一整套完善的公司管理体系，让企业自动良性运转。

何谓完善的管理体系？

（1）奖惩制度要完善。每个人到什么时间该做什么事应该有严格的规章制度，没完成要惩罚，提前完成要奖励。一个员工辞职后要有其他后备人员或环节可以补上，不能因为一个人的意外离职而影响整个公司的运转。

（2）职责权利要分明。每个人承担什么样的职责，该负什么样的责任，都要有明确的规定，职责没有尽到就要承担后果，并且应有后备人选随时可以替补。

（3）各个关键节点要相互制衡，有干活的、有检查的、有平衡各方利益的，等等，相互监督、相互牵制，多几双眼睛从不同角度来替老板看好公司。即使出了问题，肯定会有人及时向老板汇报，而且不同部门从不同利益的角度考虑，也不会任由事态快速地向一个不好的方向发展，这样老板只要做决策就可以了。

3 **非核心业务外包**。

让专业的人做专业的事，老板虽然要全面考虑问题，但是一些跟自身专业相差太远的事务还是要委托更专业的第三方去做，这样更专业，也更省心。在案例中，李盼在招聘销售经理的时候，如果委托资深的猎头或资深人事经理招聘，可能会在员工的选择上谨慎一些。而且如果有专业的法律顾问，那么在出现事故后也不会那么被动。

当然并不是说全部都交给第三方负责，这样反而会走入另外一个极端，最好是老板有自己的判断，但同时多多借助外部的专业力量。

4 **规避风险，考虑企业未来的战略规划**。

记得李嘉诚曾经说过，他每天都在花大量的时间思考一个问题："我的项目可能会失败在什么地方。"很多销售额过百亿的老板，也是无时无刻不在质疑，某件事情存在的风险是什么？它可能遇到的困难是什么？越是他们想做的项目，在这方面的思考就越久。

案例中，在李盼意气风发地进行创业时，一直缺少了这一环节。这也是很多初级创业者爱犯的一个通病，他们兴高采烈地想象着一个项目今年赚多少、明年赚多少、多少年后可以上市……然后兴致勃勃地开干，却很少去想这条路上会遇到多少困难、荆棘、风险。

当然，现在有太多的心灵鸡汤、励志教材鼓励大家："不要害怕困难，要朝着自己的理想勇敢前行！"这样的想法是没错，但应该强调的是，反复思考困难、论证风险，并不等于要放弃理想，而是要提前预估风险，并且做好应对准备。有准备地前行，理智地不放弃理想！

第二节

过于自信未必行得通

查九兰的性格肖像

查九兰的相貌并不算斯文，他留着平头，带副金属框眼镜，为了显得自己成熟有派头，还特意留了短短的络腮胡子。平时没有固定的穿衣风格，但他每次跟人谈话时倒是有固定的套路：先是聊聊自己曾经的辉煌历史，然后再谈谈他新认识的某个很牛的大腕或财团，然后又聊聊某个项目不可限量的发展前景……以至于可能会跟他聊得太投机而忘了本来的目的。就算是跟熟人，他也是这样的聊天套路。但是他特重感情、讲义气，只要朋友有事，他二话不说就会去帮忙，所以，他真的有很多朋友。

在他的世界中，永远有无数的希望和数不清的市场发展机会。

代表了一类人的特点

1. 年少轻狂、有理想、有志向，心中充满梦想和希望。

2. 个人非常优秀，在成长过程中受到各种肯定和赞誉。

3. 性格外向，有感染力，有才气，拥有不服输的劲头。

▼创业前的他

非常自信，认为打工只是暂时的，自己早晚要创业，而且相信自己一定能干出一番属于自己的事业！因为身边的同学、老师、朋友都佩服他、看好他，于是他也相信自己一定能行！

很多上学期间优秀的人可能都会有这种优越感，同样也可能都有过这样的踌躇满志，所以查九兰在毕业选择工作时是相当有抱负的，一般的工作他根本看不上眼，更何况很多公司要求刚入职场的学生从基层做起，对他来说这简直就是低估了自己的能力！

然而老天爷也真的是眷顾这位天之骄子，他毕业后的头一份工作就是当老板！

但也许是开篇过于顺利，才导致他后来的一系列不顺利。

代表了一类人的想法

1. 打工只是暂时的，早晚会有一家属于自己的公司。

2. 信心满满，认为一定能干出一番属于自己的事业。

经典案例

查九兰上的是一所一本大学，他在学校里绝对算得上风云人物，各种学生会、社团都有他的身影，更为传奇的是他在上大二的时候曾经被一家中小企业的老板看上，让他去公司工作，后来他干脆休学一年到这家公司做全职工作，据说挣了很多钱。一年以后又回到学校读完了大三大四，顺利完成了本科学业。

他这段在学校期间就被老板挖走的工作经历，让很多学弟、学妹甚至同班同学都对他顶礼膜拜，他们认定了查九兰就是一位未来的世界500强公司的老板。

在这种顶礼膜拜声中，果然一块馅饼幸运地砸到了他脑袋上，而且还是在临近毕业季的时候，不偏不倚奇迹般地摆在了他面前。

故事要从头说起。

某食品公司的市场总监夏小姐招聘了一名实习生做市场部文员，这名实习生叫园园。当时正巧是新品上市的旺季，公司需要找一家“促销活动执行公司”来合作，简单地说，就是雇佣高校的大学生到超市做促销、到社区做路演活动、有展会的时候去会场发传单之类的。

夏总监就安排了实习生园园做这件事情，先让她从网上搜索一些能做相关业务的公司，然后逐一约到公司来洽谈合作意向。

实习生园园是查九兰的诸多粉丝之一，就把公司想寻求合作的消息告诉了查九兰，问他能不能做，查九兰一听极其兴奋，要求园园务必向公司推荐他。园园就把查九兰的情况跟夏总监汇报了，并诚恳希望夏总监能见一见他。

一见面才知道，原来夏总监和查九兰是校友，而且还是一个系的，他们有很多共同的老师，这样就更加亲切了。然而，这都不重要，重要的是夏总监和查九兰都是学生会的，当年的夏总监是学生会里的风云人物，由于学校发展很快，当年的很多体系都是夏总监们一手创办的，比如学校网站、校刊、校报，甚至地区级的体育盛会都是他们那一届学生会首创并延续下来的，留下了很多传奇故事。所以，作为创始人之一，夏总监的很多照片、故事、报道等都留在了母校的网站、校刊、档案室里。后来的很多学弟学妹都听闻过夏总监的故事，查九兰也不例外。

传说中的学姐如今是干练的职场丽人，而且是自己有求于人家的甲方。查九兰的各种崇拜、欣喜、赞赏之情溢于言表。

而夏总监漂泊多年，也难得有个知心朋友，看见优秀的学弟也确实有心帮衬一把，谁都有刚毕业的时候，更何况，在查九兰做的提案中，确实有很多切实可行的亮点打动了夏总监，而且他的报价也的确很有优势。所以这一单生意，夏总监就给了查九兰。

这是查九兰幸运的开始。

比这个更为幸运的是，夏总监竟然答应查九兰的条件，给了他3万元的合作预付款。虽然这在商务合作中是再正常不过的一件事，但是对于刚毕业做第一单生意的查九兰来说，岂不是天上掉下来的馅饼？

拿着3万元激动坏了的查九兰当天就在校门口召集了5个小伙伴，晚上他们开始贴广告、招募兼职大学生、往超市配送宣传品、报销售数据……合作开始了，5个人的公司就这么成立了。

他们非常尽心尽力，但是一些基本的职场能力却不具备。例如，让他们写个活动总结报告写不出来、让他们做个数据分析模型做不出来、在遇到其他领导或其他部门质疑的时候不会应对。

好在夏总监比较有经验，她就手把手地教他们，甚至很多总结和关键数据都让自己部门的人整理出来。倒也不是夏总监看在校友的面子上过分袒护他们，只不过她会用人所长。市场部最大的问题是人手不够，到各超市检查跑不过来，说白了，谁愿意顶个大太阳到处跑着去查店啊，查九兰他们倒是勤快，跑腿的活都能干，脏活、累活不嫌弃，这就够了，至于那些报告，夏小姐让自己的职员动动手或指导指导查九兰也就完成了。

就这样，他们合作了两年，夏总监觉得很省心。查九兰的小团队勉勉强强也能维持温饱，几个人发工资、交办公室租金是够了。何况，查九兰的其他同学们找的工作不是助理、就是文员，要么就是销售员、实习生，而他一毕业就成立了公司，被别人一口一个查总地叫着，这种感觉实在是太好了！

在这种飘飘然里，查老板没有考虑过他的资金缺乏、没有考虑过他未来的发展、没有在乎过他们团队整体的专业性不高、也没有介意过夏总监一次又一次冲他们大发雷霆……

在查老板眼里，夏总监就是他的亲姐，夏总监怎么骂他都没关系，只要有夏总监在，一切都不是问题！他就这么沾沾自喜又尽心尽力地跟夏总监合作了两年，一切都那么习惯又顺理成章！

然而，夏总监怀孕了！夏总监事业有成又不愁吃喝，一怀孕就辞职回家好好养胎了！比这个更为糟糕的是，夏总监生完孩子后并没有回原单位上班，跳槽去了一个更有发展前景的新公司，这家新公司不需要“促销活动执行公司”。

夏总监辞职后不久，查九兰和这家食品公司的合作就结束了，因为没有了夏总监的指导，他不知道他们的工作该如何开展，他们出了错不知道该如何应对，虽然已经过了两年的时间，但是他和他的团队没有成长起来。

更为糟糕的是，他们公司没有拓展新业务的能力，两年的时间里，除了服务夏总监，他们没有开拓新的客户，虽然他们也曾经尝试过，但都失败了。他们不会谈大客户，不会做未来规划，甚至不懂得基本的人情世故，职场上的一切规则他们都不懂。

所以，查九兰这家公司就此解散了，他们辛苦忙碌了两年的业务也就此终止了。

然而，习惯了被别人称为查总的查九兰并没有找工作的打算，他认定了自己未来是世界500强公司的CEO，而一直跟着他干的几个人也习惯了在查总的庇佑下工作，他们也不愿意离去，或者说，他们没有信心能找到更好的工作。所以，他们开始了二次创业，开始转战电商！

2010年，正是电商品牌火得一塌糊涂的时候，于是他们决定做休闲食品的电商，开始运作“西域美狐”这个品牌，利用电商平台销售开心果、碧根果、核桃等干果产品。只不过，这次没有另一个夏小姐出来帮他们了。

夏小姐关注了他们的电商网站，因为查九兰他们毕竟是学市场营销的，整个网页设计得确实比较有特色，产品的包装也算精致，尤其是一些产品的广告卖点很抓人眼球，有一点吸引力。

然而，当夏小姐试过他们的产品之后，就彻底失望了。产品质量非常不好，甚至比不上农贸市场一般货源的水平，而且很多品种断货。相对于它精美的包装、极具诱惑力的产品卖点及高端的价格而言，这样的产品质量绝对会让消费者大呼——“上当受骗啦！”夏小姐特意提醒了查九兰，把她的意见和对市场的看法都告诉了他。然而，跟以前一样，查老板只是非常虔诚地记录下了这些意见，但并没有做出改变！

六个月后，“西域美狐”店铺毫无悬念地关店了。

生完宝宝一年后，夏小姐带着她老公和查九兰见了一面。查九兰胖了，下巴留起了很时尚的胡子，气色非常好，依旧是风度翩翩，侃侃而谈。倒是夏小姐温柔多了，不再冲他发脾气，一直微笑着听他讲话。

查九兰依然很健谈。谈他参加各种投资峰会的所见所闻；谈他们在台湾成立了“查氏集团联合商会”，有各种好的资源和发展机会；谈他某个兄弟又做了什么样的项目，市场前景很好……唯独没有谈他现在在做什么。

查九兰应该过得也还好吧，他结婚了，妻子很贤惠，生了个可爱的胖丫头，夏小姐去参加了他们简单的婚礼，他只是说他不能贷款买房子，因为他没有稳定的收入证明和社会保险。

再一次有查九兰的消息就是两年后了，查九兰在朋友圈里发消息，他开了一家“道口烧鸡”实体专卖店，照片上看着每天有好多人在排队买。他在朋友圈发的信息不是搞促销，就是招加盟店。看起来很热闹，很忙碌！这一次，夏小姐没有再打电话关注他用的是什么商业模式、是否盈利、如何运转等，只是听说，和他一起创业的那几个人去了别的地方，这次的道口烧鸡店是查九兰和他妻子一起经营的。

年底的时候，夏小姐要跟他老公一起回老家，夏小姐的老公说：“你从查九兰那买10只道口烧鸡带回去吧，反正我们回家也要带东西嘛，就从九兰那儿拿吧，看他能给快递不，支持他一下！”

然而，烧鸡没有买回来，因为打电话的时候他说烧鸡已经不卖了。夏小姐没有问为什么。

之后他们就再没有联系过，只是有一次听查九兰的朋友说，他可能打算回老家了，还听他朋友抱怨说，九兰的电话总也打不通，很久不联系了，不知道他在忙什么……

创业心经

主要失败原因总结：自身尚未成熟，缺乏社会历练。

1 没有成熟的思维，未与社会接轨。

学生的做事风格和步入社会后的职场人的做事风格是有很大差别的，最主要的差别就在于：学生负的责任较小。学生做的每一项任务都有老师把关、而且老师有义务指导你，为你答疑解惑；生活上学生的大部分花费都是由父母支付的（这里指的是绝大多数学生），学生至少不会有交不起房租的风险。所以无论是工作上、还是生活上，学生不需要承担太多风险。

而进入社会就不一样了，公司聘请你（无论是请你到公司就职，还是跟你进行外部合作），是请你来解决问题的，没有人有义务给你答疑解惑。你能做好，是本分；你做不好，就会被辞退。问题解决不了，你就要承担相关责任，轻者解除合作，重者还要有相关的赔偿。这也是很多初入职场的大学生容易犯的通病。

而查九兰一毕业就遇到了夏小姐，他就很自然地把夏小姐当成了老师的角色，有问题找夏小姐就可以解决，他从未想过自己要成熟，自己要承担责任。所以在刚踏入社会这个阶段，他没有跟社会接轨，还是以学生的心态在创业，注定会失败。

2 **自我学习能力差，没有随着业务的成长而成长。**

查九兰足足跟夏小姐合作了两年的时间，两年里，他一直生活在夏小姐庇佑的温室里。无论是从业务水平的专业度上、开拓业务上，还是从公司发展的长远规划上，他都没有想过要学习，也没有想过要有进步。

就算不跟夏小姐学，进入社会开公司了，也应该跟同行业的佼佼者学习一下，看看他们有什么优秀的地方，是否可以追上来、超过去……这些他都没有做，两年的时间甚至没有开发任何新客户、拓展任何新业务，注定会被淘汰。

或许查九兰不开发新业务还有另外一个理由，那就是：他认为再服务别的客户是对夏小姐的不忠！但他谈的是感情，夏小姐要的是商业服务，他还是在以学生的姿态和一个社会上的职场人合作，他没有及时成长、成熟起来，所以他自己一厢情愿的付出并不能换取商业上的回报。

3 **没有专注于一个行业，各种资源没有形成积累。**

你可能听过很多励志故事："马云六年发不出工资来""只要熬过最艰难的日子就能成功"……

或许正是因为这些励志故事的激励，查九兰一直在坚持创业，但是马云的坚持是一直在做电商平台，很多人的坚持也是专注在某一个领域。

查九兰的三次创业，做促销执行公司、在互联网上卖干果、开实体店卖烧鸡，这三个领域的关联性不大，很难形成资源的积累，在每一个领域内只能是浅尝辄止，所以成功的概率也就很低。

查九兰一直创业不肯去上班的另外一个原因就是他拉不下脸面去上班，他认为自己是个老板，再去上班做个小职员是很丢人的事情。所以不断在创业。

很多创业者也有这种心态，导致最后进退两难。

4 **没有自身特长及优势**。

听了查九兰的传奇故事，相信很多人最后也没有看明白，查九兰到底擅长什么？他是擅长谈判？还是擅长执行？

其实查九兰自己也不明白他的核心优势在哪里，更不要说他公司的核心竞争力是什么。做企业不得不谈到的问题就是：你的核心优势在哪里？你的企业竞争壁垒是什么？

如果创业，就要学会以下几点。

反败为赢的机会点

1 **先与社会接轨，了解并适应这个社会的基本生存法则**。

如果能够重来一次，建议查九兰先到职场中去锻炼两年，先摸清楚社会上的基本生存法则，去掉身上所谓的“学生气”，以一个专业的、有较高职业素养的人出现，再考虑创业的问题。

当然，他还需要禁得住诱惑。夏小姐给他这么好的合作机会确实很诱人，但是，如果有了足够的专业能力和职业素养，类似的机会还会有很多。否则就会像上述案例一样，虽然有这么好的机会，但只能抓住一时，而不会长久。

2 **自我学习能力、自我突破能力需要提高。**

养成能够积极反省自己、主动寻找自身差距的好习惯，并且长期坚持下去。除了能够主动发现自身不足，还需要有超强的自我学习能力，能够自己寻找答案，求证答案，朝着更高的方向发展。

很多成功企业家都是在不断否定自我、不断怀疑过去的过程中得到提升的。而查九兰没有想过要突破自我，他抱着在学校里的荣誉和光环不放，最终负于大家的超高期待和假想。有太多的光环和荣耀有时未必是好事。

3 **挖掘自身的核心优势。**

查九兰似乎已经忘了自己的专业特长，忘了自己的人生理想，忘了自身性格的强项，在阴差阳错的种种机缘中成了随波逐流的一叶浮萍……

他急需做的就是总结一下：自己的知识积累在哪个领域最多、自己的性格和先天优势中最擅长的是什么、自己的各种社会资源都集中在哪些方面……其实这不仅仅是查九兰的问题，很多人甚至一生都没有明白这一问题，导致庸庸碌碌过一生。

当然很多人的一生主要追求安逸和享乐，会把重心放在家庭上，这也是一种很好的生活态度。只是如果想创业，就不得不考虑“自身核心优势”的问题。创业并不一定是最好的选择，这只是诸多人生选择中的一种而已。

4 **谨慎思考自己未来的职业规划和人生规划**。

查九兰创业失败的其中一个原因就是没有很好地为自己的公司做一个长期的规划，任由它自行发展。不管是否创业，很多人都对自己的人生没有规划，或者说是不敢规划。这里所说的规划并不是指金钱上的目标设定，而是指一定时期内你需要坚持的方向。方向定了，那么工作重心就不要变，围绕这个重心执行，可以有偏颇、可以绕路，但最终会到达你想要的彼岸。

第三节

德不配位，必受其累

代表的社会阶层：出生富裕，有良好的家庭背景，有一定的社会经验。

很多职场人士都会抱怨，自己没有一个很好的家庭，自己生不逢时。如果这个人再有点能力，尤其在职场上取得一定成绩时，就更会感慨：“我不就是没钱嘛，要是有个人能给我投资，能支持我一下，我早就成功了！给我一个平台，我不会比马云差，给我老板的位置，我就能缔造商业奇迹……但这不是没有这样的机遇嘛！”日子就在这样的抱怨中度过了。

但这里有一个例子，他有背景，有机会，有资金支持，而且也属于职场精英人士。如果说别人都是草根出身，创业起步艰难，那赵文斌绝对是含着金汤匙出身，有贵人鼎力相助的人。

经典案例

说起赵文斌赵总，大家都说他是一个非常有意思的男人。

赵文斌个子不高，圆圆的脸、微胖的身材，有着一头浓密的短发，整天乐呵呵的，开一部捷达，走路慢悠悠的不着急。赵文斌为人和善，但骨子里总有一股小男人的劲头，遇事喜欢别人让着他，在做重大决策、遇到大是大非的事情时总是“来时打车票怎么报销啊”“昨天买了一箱水还是我垫的钱呢”这些琐碎小事，但他性格还算随和，一般人都会让着他。

赵文斌原本是在一家知名食品公司里上班，担任北京地区销售部部门经理。虽说赵总负责的是销售部，但他没有一般销售经理的那种激情和狼性，就是平平淡淡、不温不火地工作着，不过由于他的人脉、资源还行，每月也都能完成任务。他从来都不乐意挑战更高的目标，也不去争取更多的权利，只想按照自己的节奏，完成自己的本职工作。所以大家从来不会把建功立业、创业奋斗、迅速发展这样的字眼跟赵总联系到一起。

然而，由于家庭背景的原因，他还真就一夜之间当上了名副其实的老板。赵文斌的姐姐和姐夫早年是做煤炭生意的，虽说不像有的煤老板那样一掷千金，但绝对也是实力雄厚，资金充裕。

恰巧一个偶然的机会，北京顺义有一家食品工厂准备转让。工厂主要采购腐竹、木耳、粉条等干货，进行销售和二次包装后把货物送进超市销售。老板不太擅长经营，工厂就是艰难维持着。这家工厂的规模和设备虽然很一般，但是占地面积不小。姐姐和姐夫一商量，决定出资500万元把这家工厂买下来，让弟弟来经营，正好是食品工厂，也是弟弟熟悉的领域。就这样，赵文斌成了这家工厂的老板。为了让弟弟安心当好这个老板，姐姐和姐夫还给弟弟租好了办公室，并且送给弟弟一辆奥迪车，好让他出去见客户的时候有面子。

一家有规模、有基础、有客户、有渠道的公司就这样到了赵文斌的名下，这让多少人羡慕呀！

大家都认为赵老板的生活应该是这样的：每天陷在松软的高档沙发里，跷着二郎腿指挥手下的人干活，时不时再开着他的车出去跟客户喝喝酒打打高尔夫……

然而事实是这样的：接手之后发现很多货物都没有给各大超市供应上，到处都是过期货物、残次品货物……超市方面听说新老板接手了，强烈要求赶紧补货、换货，把超市的货架先充实起来，否则东西都没有，消费者怎么能买到啊！

这本来是件好事。经过一段时间的折腾、送货、退换货，各超市的货架是充盈了，然而超市有三个月的账期，也就是说，前三个月需要不断地把货送进超市去，第四个月的时候才能把第一个月的货款收回来。换句话说：需要姐姐和姐夫再压3个月的货款进来，即必须再投入资金200万元！

货是开始卖起来了，然而新的问题又来了，50多万元的货物，利润也就不到2万元，这得什么时候才能收回成本啊！因为他们的货物价格太低了，卖相又不好，没有优势与其他品牌产品竞争。所以，必须提升品牌，升级产品，补充一些好的货源、做些有品质的包装，把价格提高一些，这样利润还能高点。

做销售、维护老客户是赵文斌的强项，但做品牌他可真是不擅长。且不说核心诉求、品牌知名度这些高深的东西了，单单是给产品换个包装就把他弄得焦头烂额了！用不起知名的设计公司、请不起资深的品牌专家，赵总就自己去街边找了个设计工作室开始设计包装，且不说包装设计有点土，发给印厂的文件还根本不能用。反反复复折腾了一个月，去印厂盯了好几个通宵，终于一款包装出来了。

由于他的经验不足，来来回回折腾，做出来的包装品质一般，价格却比别人贵一倍！

新品出来了，需要做广告、做促销、抢占超市的黄金陈列位置，这又是一笔不小的费用。然而这还不是最难的！

工厂方面，倒是快速找到了高档的优质货源，补充了松茸、鸡枞菌、特级木耳等品种，但高档产品要放在高标准的库房里存放，目前工厂的库房条件简陋，需要赶紧升级库房。库房升级了，品种增多了，人员的技术又跟不上，需要专业的技术人员来管理工厂并且传授技术。升级库房、采购优质货源、重新梳理生产工艺……这些都是非常有必要的投入，赵总又让他姐夫划过来了200万元。

这些工作都不是赵总的强项，尤其在面对生产标准、环境温度等这些纯生产技术性问题时，赵总简直就像看天书一般。必须要聘请一个生产经理。

新产品上市后，单品的毛利率倒是有了一些提升，可是上新产品要给超市交高额的进店费、条码费、堆头费，等等。因为是新产品，消费者不了解，就需要做大量的市场推广活动，试吃、促销、买赠、广告、路演……每一项都需要投入高额的费用。而且市场竞争激烈，单看产品毛利是增加了，但是把成本费用摊进去的话，每个月还是亏损的。所以，企业想正常维持，需要姐夫每月拨款50万元左右。

这样下去，谁都沉不住气，不知道还要亏损多久才能见到盈利。赵总和他的姐姐、姐夫找了多个行业专家、精英顾问来咨询，其中也包括一些国际、国内知名企业的CEO，让他们来帮忙破解难题，大家给出的结论基本是一样的：现在的快消行业竞争非常激烈，要想在竞争中取胜，只有快速做大做强。

如何快速做大做强呢？即，迅速开拓市场，抢占各超市终端，抢占市场份额，对消费者做高频次的广告曝光、产品试用等。总之业务要迅速扩大，那么投入也要不断增大，方能支持这项业务的快速发展。也就是说，摊子铺得越大，投入就要越多。在市场开拓前期，每想挣1元，都需要5元的投入。

那么何时才能盈利呢？经过一个专家的精细测算：销售额达到1个亿的时候，方能实现盈亏平衡，之后才能开始盈利，这个时间大概需要3 ~ 5年，但是，并不确定5年后一定能盈利！

与此同时，赵总企业的内部管理也是混乱一团：员工闹离职的、业务人员卷着货款跑掉的、各部门之间推卸责任不配合的、员工跑到竞争对手处恶意出卖信息的……

由于是一家生产型企业，在工商、消防、税务、卫生许可等方方面面都要达标并且接受定期检查，这些赵总根本搞不定，而他聘用的那个生产经理也是束手无策。赵总感到无奈、无助、彷徨，甚至想寻求解脱。

一年以后的某一天，赵总突然出现在了原单位，看起来依旧乐呵呵的！

“呦，赵总来啦？来谈业务？”老同事们热情地跟他打着招呼。

“不，我回来上班。”

“上班？你不是当老板了吗？厂子不干了？”

“呵呵，不干了。”赵总微微垂下眼睛，有点尴尬，但依旧乐呵呵的。

“为什么呀？”同事们一脸的不解和惋惜。

“不挣钱呗，我姐夫他们每个月都要往里面投好多钱。他们马上有新的项目，也等着用钱，所以就不给这边投钱了，只能关了！”赵总说得很平静。

“那厂子怎么办啊？”

“厂子卖掉呗！对了，我还有好多库存的松茸和木耳呢，都是极品，有需要的我便宜点出货。”

“嗯，我们一定想着帮你问问。”

同事们就这么跟他闲聊着。

三个月后，赵总给他的老朋友打电话：“你那儿现在需要人吗？我厂子不是卖掉了嘛。哎！卖得很便宜啊，最近食品很不好做………是这样，我以前的生产经理还有一些工人没有去处，看您那儿能给安排一下吗？……好的好的，非常感谢您了！”

朋友见到赵总以前的生产经理的时候，着实吃了一惊：一个形象实在不怎么样的女性，说话也没有什么逻辑性，根本就不像一名管理者。而且对于生产方面的技术知识更是一窍不通。

至于赵总为什么会把她招去做生产经理，因为她是一个非常重要的亲戚介绍过来的。

又是六个月过去了，赵总升职了！赵总这次重返职场后，踏实多了，虽然他偶尔还是会做事儿慢吞吞，但是认真了很多。而且凭借赵总多年的人脉，他的销售业绩一路提升，公司已经给他升职，让他做华北大区的销售总经理，赵总很满意。并且赵总跟公司说，他在华东上海一带也有很多人脉，可以迅速打开销售渠道。公司对他非常满意。

只是每见到一些新客户的时候，他还是会说："我原来库存的还有一些松茸和木耳，都是极品，要的话跟我说一声，便宜点就出货了……"

创业心经

失败的主要原因总结：德不配位，必受其累。

1 **赵文斌不具备当老板的潜质。**

1）老板应有的个人特质：激情、奋斗、豁达，他都没有。

在案例中，赵总是个慢慢吞吞的人，一心想着只要完成本职工作就好，不愿意挑战更高的目标，他没有当老板的特质，或者说，他根本就没有想过要当老板。只是当一个现成老板的位置摆在他面前的时候，他无法拒绝。

2）老板应具备的业务能力：财务、营销、管理、生产等方面的技能，他也没有。

案例中的赵总，除了有人脉，比较擅长销售外，对其他模块的业务根本不擅长，而且他也没有兴趣学习这些新知识。

2 投资人对投资额度和收益额度都没有正确的预期。

1）“投资人”并不等于“资助人”。

案例中的姐夫并没有客观地评估弟弟的实际能力，只是觉得有个好机会，给弟弟争取了下来，这并不是对被投资人的信任。

2）投资人应该对项目熟悉，并且对项目有客观的评估和预期。

投资人在决定投资之前，一定要对项目有充分的考察和了解，在经过理性判断之后再出资。文中的姐夫出资过于草率，根本就没有经过理性思考。至于项目预期，姐夫或许想过：“挣了钱，我一分不要，都给弟弟”，但是，对于后期不断的追加投入，他是没有丝毫心理准备的，最后实在支撑不了就撤资了。

遇到类似问题，请务必提前考虑清楚，你对对方到底是“投资”还是“资助”。如果是“资助”，就是一次性的，不需要回报，也不需要对项目进展进行关注。如果是“投资”，就要评估这个项目是否值得投，并且要对项目做好充分的预判，预判包括“好的”和“不好的”两个方面。

3 孤立无援，没有得力的团队。

赵文斌其实从始至终都是在孤军奋斗。姐夫虽然给了很大的经济支持，但是从管理上、团队上、合作资源上都没有给到任何帮助。而赵文斌的姐姐、妻子等这些至亲的家人也是旁观的角色，并没有给到他足够的支持和鼓励，创业并不是个人的事，而是一个团队的事。

反败为赢的机会点

1 **对自身进行强化培训。**

如果不具备上述那些潜质也没关系，可以从以下几个方面进行培训。

1）参加外部培训，上总裁班大学、MBA管理课程等。

2）先做一些小项目，从小处入手，培养自己对整个项目的运营和管理的熟悉度。

3）他自己做一份项目规划书，并请专家帮助一起修改完善，在做项目规划书的过程中，不断学习，并找到可能发生的问题。

2 **对项目进行充分考察，做好收益预期。**

考察项目可以从以下几个方面着手。

1）考察符合时代潮流的项目以及当下比较火热的项目。

食品行业已经进入寡头竞争时代，没有大的财团介入很难生存。虽然赵总在食品公司工作，但是自己创业后可以考虑转换一下思路，走在时代的前列，如考虑当下比较火的O2O项目、电子商务项目等。

2）考察与候选人老板特质相适应的项目。

赵总的性格不温不火，而食品行业是一个争分夺秒抢着消费者的行业，显然这并不是他最擅长的。他可以考察那些与他性格比较接近的项目，比如，一些大客户销售、企业咨询等项目可能节奏比较慢，但对统筹能力和细节能力要求高，以赵总的性格来讲还是比较匹配的。

3）考察市场上稀缺但未来可能存在巨大市场机会的项目。

这就需要进行各种考察并且着力去寻找了，需要具备强大的观察能力和敏锐的洞察力，而且需要不断去探索。

3 做好项目规划。

1）项目何时达到盈亏平衡点或何时能盈利，应该有个准确的时间预期。其实就是提前算笔大账、细账，看看这个项目到底盈利能力是多少？是否值得做？很多初期创业者就缺乏这一点，总是凭个人感觉去判断，但没有真正去计算，可能各种成本减去之后根本没有盈利点，甚至会亏损。

2）在什么情况下追加投资？

必须提前约定好，当项目取得什么样的成果时方可追加投资。同时，在业务蒸蒸日上、形式大好的情况下也应该果断追加投资，避免错过市场良机。

3）在什么情况下撤资？

项目在规定的期限内若没有达到预期效果，而短时间内又无法改变局面，可以考虑撤资，以迅速止损。

4）在什么情况下变更项目？

市场千变万化，在原有项目不行，又看到新的市场机会的情况下，可以果断调整项目。初创企业应行动便捷、及时掉头，避免一条路走到黑。

4 **给予必要的帮助和支持。**

投资者应该给予被投资者一定的鼓励，做他坚强的精神后盾，虽然行业不同，但企业管理的理念是相通的，可以传授一些管理经验。此外，放权也是必要的，在客户、渠道、技术、合作伙伴等方面都可以给予一定支持。

第四节

曾经的成功未必代表将来的成功

代表的社会阶层：成功人士，经验丰富，站在历史的功劳簿上。

创业不是一劳永逸的事，二次创业比第一次创业更有挑战性。如果说其他的创业者起点低、经验少、资金不足……都是客观存在的硬伤，但沈博洋的资质和背景可就跟他们完全不一样了。

经典案例

当年的沈博洋可谓白手起家，在20世纪90年代的时候，中关村产业园刚刚起步，中国IT业形势一片大好，沈博洋就是在那个时候创业的。

沈总的第一次创业就从摆地摊卖鼠标开始，后来给别人攒机装电脑，再到后来有一个绝好的机会，小电子设备风行，MP3、MP4、摄像头、U盘、录音笔、数码相机等风靡一时，沈总抓住机会成功转型，推出了几款在国内相当有影响力的产品，从而一跃成为赫赫有名的中关村大佬，身家过亿。沈博洋公司的霓虹灯大招牌在中关村某个著名的写字楼上夜夜闪烁，使得这栋写字楼一度成为地标性的建筑。

然而，由于种种原因，沈总的公司与上市擦身而过。

市场变化风云莫测。小电子设备、数码相机等产品还没有风靡到一定规模，3G时代到来了，智能手机把MP3、数码相机、录音笔等的功能集于一身，这些零零碎碎的小电子设备一下子成了鸡肋产品，市场容量迅速萎缩，沈总公司的销售业绩一路下滑。转型成了一个“生存”还是“毁灭”的话题！

面对行业突变，接受这种考验的本不是沈博洋一家公司，同行都面临着同样的危机。对于沈总来说，中关村大佬的位置是保不住了，但是以他的经验和人脉来说，适应市场需求，无论转型做点什么，都应该能很好地活下去。比如，很多同类型的公司转型做了充电宝、车载导航及小型智能家居产品，虽然风光不及从前，倒也能维持。

然而，此时的中国互联网界发生了两件大事，改变了沈总一生的命运。一件事情是阿里巴巴上市，马云一跃成为华人首富。另一件事情是微信席卷全国，改变了全国人民的交流方式。曾经沈博洋和这两个人都是好朋友！沈总不能接受的是，当年他坐在中关村的4A级写字楼里运筹帷幄的时候，马云正被人当成骗子到处给别人讲未来的电商时代；沈总的企业被各大企业模仿学习的时候，马化腾的QQ只是小孩子们玩的玩意儿，一般公司都会明令禁止“上班不准聊QQ”。

而此时，这两个人却成了互联网界不可逾越的神话！

所以，在面临转型的这个生死存亡的时候，沈总一万个不甘心，他励志要做中国互联网界的第三个神话，超越马云和马化腾，成为中国首富，并发誓要在自己公司内培养1000个亿万富翁。沈总倾尽自己所有的人力、物力、财力，要做一个集合电商、微信多项功能，串联中国所有线下实体企业的超大平台——万亿淘金中国第一电商云平台！这个商业模式极为复杂、开发应用极为烦琐、所涉猎行业极为广泛。且不说这个平台是否好用，单靠着沈博洋曾经的威名就有很多人关注他的项目，并且愿意支持他、帮助他、相信他。但能否超过马云、是否有必要超过马云，没有客户关心这个问题。

“万亿淘金中国第一电商云平台”的雏形建好之后，沈总踌躇满志，平台开始上线运作。沈总的宏伟计划是：第一年公司实现盈亏平衡；第二年上市；第三年超过马云、马化腾；第四年在公司员工和经销商中造就1000个亿万富翁；第五年功成名就退休。

然而事情并没有朝着他想象的方向发展。

平台上线之后，凭借着沈博洋的知名度，虽然有很多老客户、老粉丝支持他，纷纷签合同交了高额的平台使用费，但是相对于他宏伟的目标来说还是杯水车薪。公司前期投入巨大，短期内实现盈亏平衡不可能，更别说第二年上市了。更要命的是，在互联网时代免费思维的浪潮下，沈总偏偏逆势而行，对每一个客户都收取高额的平台使用费，和他平台相似、甚至更有优势的平台都是在免费使用的，甚至还会给商家和客户补贴。

无数人给沈总提出这一问题，告诉他这条路是行不通的。然而，沈总非常坚定，他认为只要交了平台使用费并且坚持用他的平台，等他的平台足够大，超过马云、马化腾的时候，他的平台将发挥巨大的威力。

有些人信了，大多数人是不信的。大多数人关心的是眼下你能给我带来什么好处？用这个平台对提升个人知名度和公司业绩有什么好处？具体该怎么操作？然而，沈总不关心这些问题，无论别人跟他讨论什么问题，他都会扯到一个话题上去：超过马云、马化腾之后会怎样？他会造就1000个亿万富翁、100万个千万富翁……

沈总就以这种状态一遍又一遍地宣讲着他平台的美好未来！

同时，他在公司里也是这个状态，或者说更严重。他会组织公司每天开早会，但他根本不关心大家汇报的工作内容，谁离职、谁入职他也不关心，平台出了什么漏洞、客户有什么不满意他更不关心……

他随时随地都可能会打断大家的发言，然后开始激动、咆哮：

“这是一个多么好的机会啊……白捡钱呐，比抢来的还容易！……不签单，这不是傻吗？”

“赚疯了，十年后你们都是亿万富翁，你们在家里数钱都数不过来……”

“你们都不信我，不信我就别在我的公司里干……”

“马云那是我弟，当年我们天天一块喝酒……”

……

每天早会就是这样。

然而公司业绩并没有因为他的梦想而迅速好转，相反，随着时间流逝，离他的目标越来越远，他和马云、马化腾的差距也越拉越大。

沈总的心里也越来越着急，他的状态也越来越狂躁。每天除了早会，又增加了晚会。他依旧在会上宣讲他的梦想，激动的时候就会骂人，甚至会摔东西、砸桌子。经常在会上当场开除公司员工，公司人员像走马灯似的轮换，来三个月以上的都算老员工了。

公司就这么一天天地维持着。

马云、马化腾的新闻天天出现，滴滴打车、阿里影业、微商……这些人的故事像石头一样压得沈总喘不过气来，沈总开始整夜整夜失眠。他不甘心、不服气，过去他们称兄道弟过，他渴望未来能超越他们，再次重现往日的辉煌，他唯独不敢面对的是当下。

三个月后，沈总的资金链越来越困难，都发不出工资了；很多已经交了平台使用费的客户看不到效果纷纷要求退款；办公室的房租到期了；挂在中关村28层建筑上闪烁的霓虹灯标志要被撤下来了……

[创业心经]

失败的主要原因总结：忘不了过去，梦想着未来，就是没有活在当下。

1 不愿意接受现实，沉迷在对过往辉煌的缅怀中。

上述案例中的沈博洋虽然辉煌过，甚至称霸过中关村，但是智能手机的时代到来了，MP3、录音笔等设备必然是被淘汰的产品。沈博洋不愿意接受这一现实。对过去的日子，沈总有着很多美好的回忆：同行的羡慕、他人的肯定、社会的尊重、各种各样的荣誉和掌声，甚至被别人效仿了无数遍的创业经验等。

正如现实生活中很多人一样，动不动就提“想当年……我怎样……”，不接受现实，其实正是对当下生活的一种逃避。忘记过去最好的方式是创造一个更辉煌的未来，自信地过好今天的生活。

2 二次创业是对自我的否定、颠覆和超越。

比沉迷于过去更痛苦的是否定过去。过去被人们借鉴的个人经验可能就是今天发展的掣肘；过去被奉为金科玉律的做事方法可能在新的时代下完全不可行。尤其作为成功人士，要时时刻刻检讨、反省自己的经验与现实市场行情的匹配度，并在现实中验证，一旦发现不行，要马上调整。

当然，也不能完全否定过去，对于好的经验还是要传承和发扬的。何谓好的经验？就是经当下社会验证过的，对当下市场确实起到过帮助作用的经验，并能在此基础上不断完善。

而案例中的沈总坚定不移地贯彻自己过去的路线，从未进行过反思和质疑。这里说的否定、颠覆并不是完全否定，重点是检验过去的经验与当下市场的匹配度，多思考随着社会的发展，生活方式、经济结构、消费者行为习惯等发生了哪些变化，自己的认知体系也要随之不断进行升级和优化。

3 与时俱进，认清市场发展的潮流，方能生存。

1）没有兴趣研究市场。

案例中的沈总，对移动互联网时代的市场情况完全不了解。他没有认真地研究过当前的市场，也没有兴趣研究。消费主体发生了变化、国际经济环境发生了变化、政治格局发生了变化、网络科技发生了变化……每一个因素的变化都会对市场有牵一发而动全身的影响。这些，似乎沈总都不感兴趣。

2）没有总结自己第一次创业由辉煌到失败的原因。

正因为市场格局发生了巨大的变化，才导致沈总的公司由辉煌到衰败，或许还有公司内部管理、沈总个人因素等一系列原因。在没有思考这些失败的因素，又没有做充分的市场论证的情况下，就匆匆做新项目，是非常不稳妥的。

3）没有兴趣研究竞争对手，不清楚自己的敌人是谁。

沈总最感兴趣的就是马云和马化腾两个人，他的志向也是超越这两个人，这只是他个人的野心，其实他的核心业务跟马云、马化腾完全没有竞争关系，他选错了竞争对手。

其实沈总自己也没搞清楚他到底想和谁竞争，到底该做什么产品为客户服务，他一心想的是要做个“威力无穷的万能法宝”，以为这个产品一出世，就能让自己一夜美梦成真。

可世界上真有这样“威力无穷而又神奇万能”的东西吗？即使有，也不是一朝一夕可以做出来的，也需要经过无数次的市场验证和无数次的修改与磨合。

4 给自己设定过高的目标。

有志向再创辉煌当然是好事，但是总得面对现实。沈总和马云、马化腾的差距不是一朝一夕生成的，有很多必然因素存在，也有很多偶然因素。就算励志地把他们两位当成竞争对手，也需要给自己制订一个比较贴切的目标。“一年实现盈亏平衡、两年上市、三年铸就1000个亿万富翁”，这样的口号也真的只能是说说而已。

实际操作起来，现实与理想落差太大，而且事态根本不按照预先设计的走，没有一传十、十传百的裂变效应，有的只是一个接一个的困难和让人焦头烂额的琐事。时间越来越近，梦想越来越远，所谓的“竞争对手”自身还在快速成长。自己终于不堪重负，导致彻底失败。

反败为赢的机会点

对于沈总来说，只需要做到以下两点，便可以让创业的路走得更好。即便没有重新创业，他也早就过上了让无数人羡慕的日子。

1 **活在当下，接受现实，平静面对商海浮沉。**

商海浮沉，世事无常，谁也不可能永远只在一个位置上待着。人在有了一定阅历之后，应该变得淡定、平和。只有允许他人比自己优秀、接纳社会的变迁，方能海纳百川。

其实案例中的沈总是一个非常“小心眼”的人，他容忍不了曾经比他落后的人如今比他优秀。面对自己曾经的“战友”都如此小气，他在对待客户、员工、合作伙伴的时候一定也会有刻薄之处，这必然为失败埋下了种子。

忘掉自己是谁，活在当下，欣赏他人的成功，自己也会过得淡定、从容，在商场上搏击的时候方能显出王者风范。

2 **借助大平台的优势，化竞争对手为合作伙伴。**

那些成功的人或者已经成为行业领军人物的人应该是自己的战友、自己的伙伴，至少不应该是竞争对手。沈总拥有这么好的资源，完全可以代理他们的某一项业务，这样在国内也是相当了不起的，而且借助平台的力量，同样可以超越自我，再现昔日辉煌。

但沈总的志向远不止于此，他想要成为中国的乔布斯，成为金字塔最顶端的人。在沈总第一次创业跌入低谷，急需二次创业的时候，或许首先要解决的问题应该是怎么生存下去。

创业密码解析：他们都不曾想过失败

上述四个案例中的人物代表着不同的社会阶层，而且人生阅历大不相同：李盼代表了“凭自己能力吃饭的职场奋斗者”一族，查九兰代表了“意气风发的大学毕业生”一族，赵文斌代表了“小资富二代职场精英”一族，沈博洋代表了“上流社会成功人士”一族。对于创业，他们或许有过各种各样的设想，但一定没有考虑过失败，而且他们所代表阶层中的大多数人也是这样想的。

李盼——代表了“凭自己能力吃饭的职场奋斗者”一族，他也许曾经这样想：我在职场中独当一面，我已经验证了我的能力，只要创业，就有机会成功。我拿出十倍的努力去创业，就一定能成功。

查九兰——代表了“意气风发的大学毕业生”一族，他可能曾经这样想：上学的时候我就是最优秀的那一个，毕业后一定也是最棒的！在学校几万人竞争的各种比赛、竞选、考试中都能以优异的成绩胜出，创业有什么理由不成功呢?

赵文斌——代表了“小资富二代职场精英”一族，他或许曾经这样想：我在工作中已经磨炼十多年了，业绩一直做得不错，现在又有资金支持，没有理由做不成!

沈博洋——代表了“上流社会成功人士”一族，他一定这样想过：二十年前我就创业成功了，不就是把自己的成功经验再复制一遍吗？没有理由不成功！而且，我也必须成功。

是不是说出了大多数人的心声？是不是大多数人在创业前都是这样志在必得的？他们没有想过万一失败怎么办，他们没有想过会有哪些因素可能导致项目失败。

所以，看了他们的故事，在准备创业的时候，在你因为一个好的项目兴奋得睡不着觉的时候，一定要想清楚：万一失败了怎么办？会有哪些因素可能导致失败？我能接受的失败的底线是什么？这么好的项目，有没有其他人在做？他们是否成功了？他们曾经遇到了哪些困难？当想清楚了这些问题，知道会有很多困难在前方等着时，若依然能够笑着去面对，并且愿意义无反顾地继续走下去，那么创业的征程就迈出了第一步！

/ Chapter 02 /

第二章

性格也许会决定创业能否成功

第一节
终极梦想家不适合创业

不管是在创业的过程中还是在职场中，不管是新人还是具有工作经验的老员工，都忌讳的一点就是做空想家。梦想是要有的，希望也是要有的，但是所有这些都基于一点：脚踏实地。在工作中有不少人想法一大堆，而且各个想法都让人拍案叫绝，但每当落地的时候就虎头蛇尾，甚至不了了之。如果说上面几个案例中，主人公都迈出了创业的第一步，着手去进行了，那么这个案例中的孟浣颖女士却从来都只是沉浸在计划和畅想中，从未迈出过实施的脚步，但她却还在执着地追求创业。

经典案例

说到孟浣颖，大家会不由得称赞，她是一个才女，而且是一个活泼漂亮的才女，脑袋很灵光，一会儿就能冒出一个主意。正因为如此，又急于想证明自己的价值，所以对创业这事，她一直跃跃欲试。

刚毕业那会儿，基于自己找工作的悲惨经历，并且亲眼目睹了人才市场上求职大军的壮观，也亲身感受到了毕业生们在初次找工作时的迷茫和无助后，她就有了一个极好的想法：就是给即将走出校门的毕业生做形象气质培训。而且她不想做一般的培训，想提供一条龙服务，包括职业化妆、办公室服饰搭配、简历包装设计、面试技巧指导、就业指南等一整套服务，用专业一点的话说，就是为应届毕业生提供成套的就业解决方案。

这方面的市场需求实际上很旺盛，别看学生们整天在学校里打扮得花枝招展，可是面试妆、职场服饰搭配却不太会。多好的市场机会啊！

“不过这事到底能不能成呢？就算成的话每个月要花多少钱呢？前期要投入一定的成本，得投多少钱啊？万一投入了收不回来怎么办呢？”她心里不停地盘算着，就在这种瞻前顾后之中，她的美好想法也就始终只是想法……

最终她去了一家小型IT公司做行政，每月薪资1200元（2005年）。

第二次萌生强烈的创业想法是在她工作两年后，天生不安分的她厌倦了朝九晚五的日子，于是又想到了创业。在那个食品行业经济高速增长的时代，什么农产品经过包装几乎就能火：瓜子加上包装价格就能翻倍、卖鸭脖子的改成专卖店后立马就火、就连苹果贴标签的都比不贴标签的贵……

她惊奇地发现，餐桌上的主食之一——馒头，还没有超级精准的包装和品牌化运作。所以她想，如果把馒头做成类似蛋糕店那种形式的估计会有销量，因为干净、卫生、上档次！馒头的外形也要升级，不要像现在这么大，应该做成小小的很精致的那种，馒头花样又多，可以变换无穷；每个馒头配上环保的牛皮纸袋子，档次迅速就能提升；每个社区开一家精致的馒头专营店，可以让老百姓的主食餐桌立刻升级。

她把这个想法和很多朋友讨论过，每次大家都兴高采烈地认为这件事情可做。但散伙之后就会各自处理自己的工作，忙生活中的琐事。这个超级棒的想法也仅停留在说说的层面。

两年以后，她在上海发现了一家馒头店，叫“芭比馒头”，运营方式和她的想法基本雷同，火得一塌糊涂。她很自信，哼，说明我还是相当有眼光的，两年前我就想到这个了！

馒头的事情渐渐被她淡忘了，但是并没有浇灭她对创业的热情。

第三次强烈想创业是在工作5年左右的时候。

有一次公司组织去云南旅游，她惊喜地发现云南的特产灵芝在当地卖得特别便宜，几乎等于木耳的价格。而灵芝对于广大北方人来说，是名贵、珍稀的东西。她清楚地记得北京的很多药店的灵芝都是上等的滋补药材。后来她搞明白灵芝为什么在云南那么便宜了，因为灵芝的主要药性是降血压、降血脂、增强免疫力等，而这些“富贵病”在云南很少人会得，所以云南当地人都没有意识到灵芝的价值，就把它随便放在塑料袋子里当木耳卖了。

多好的市场机会，只要把灵芝从云南运到北京来卖，倒手就能赚差价！

这一次，孟小姐有了巨大的进步，她行动了！她从云南买了1000多元的灵芝带到北京，并且设计了非常精美的包装盒子！别看就这点工作，已经把她一个人累够呛，而且几大箱子灵芝买来了没地方放。好容易安排好地方存放了，由于当时是夏天，灵芝竟然生虫子了，处理这些虫子又费了很大的劲。为了省成本，做的那批包装盒要她亲自去取货、接货，这对一个女孩子来说的确有点困难。更为麻烦的是，由于她的产品没有生产许可证、营业执照等，所以她的灵芝既不能在网上卖，也不能在超市卖，她只能一个一个地推荐给熟人，这又有了传销嫌疑。

折腾了三个月之后，她有了3个忠实的粉丝，非常喜欢她的灵芝并且每月都会买几盒送礼。其余的灵芝她都送给朋友或客户了，收到灵芝的人倒是超级喜欢，不过还是没有办法大面积推广。费这么大力气折腾，就卖了10多盒灵芝，真的没有上班划算。太累了！灵芝的事情也就这样结束了！

她还是会有好多新的想法，比如，在2010年的时候，她就大胆预言过：送餐业务一定会大有市场前景，因为未来开店成本会越来越高，大家对外卖的需求会越来越大。果然，三年之后“雨后春笋”般地出现了百度外卖、美团外卖、挑食、到家美食汇、饿了么等一大堆外卖平台，但这仍然跟她没什么关系！

孟小姐和其他人一样还是正常上班，偶尔也会跳槽，薪资也在不断增长，一提创业还是会让她憧憬、让她热血澎湃。但让她迈出创业实操的那一步，似乎又有太多羁绊！迈出第一步尚且这么难，创业路上还有很多的艰难险阻，孟小姐认为自己还没做好准备。

[创业心经]

失败的主要原因总结：创业不能靠“想”，没有实践等于一纸空谈。

只空想而不去实践就永远没有成功的可能。其实，不光是在创业方面，很多时候我们身上都有孟小姐的影子，比如，有宏伟的健身计划却从来没有实施过；立志学英语但只看了部中英文对照的电影；想减肥却永远只是嘴上说说……

切忌空谈梦想，有了想法之后应该付出行动，这样才有成功的可能。

第二节
实干家的缺陷

当今这个浮躁的社会，夸夸其谈的人很多，畅谈理想的人很多，肯脚踏实地做事的人却不多。在创业过程中，特别需要具有实干家的品质，但是也不能一味埋头苦干，应该有一定的灵活性，否则也会失败。

经典案例

唐龙就属于难得肯脚踏实地做事的一类人，并且还会把事情做得非常到位。他认真、严谨、考虑事情周全，做事有板有眼。正因为有这些特性，所以在公司里深得老板赏识，而且，无论公司换哪届领导，都对唐龙有高度的认可。

按理说，这么一个踏实优秀的员工在公司会前途一片大好，他的薪资也由刚毕业时候的1000元涨到1800元、2500元、3500元……但是，北京的生活压力实在是太大了，唐龙出生在农村，一个农村的家庭对一个在北京打拼的孩子来说是给不了什么支持和帮助的。

非常幸运的是，因为唐龙的优秀，他的大学女友一直对他不离不弃。一毕业两个人就结了婚，结婚后为了省房租，一直挤在城乡结合部的一间

8平方米的小平房里。更揪心的是，由于北京的房价高、物价高，两个人一直没买房子。妻子说可以不要婚礼、不要彩礼，跟他吃苦受罪也没问题，但是，不能让孩子也这样。所以，买房是两个人必须要奋斗但又遥不可及的一个梦想！

北京的房价像直升机似地往上涨，而唐龙的薪资却一点点往上挪，永远也赶不上房价上涨的速度，并且距离越拉越大！

创业似乎等于财富，只需付出艰辛即可！尤其是各类创业成功的神话故事、励志传奇、成功经验铺天盖地涌过来的时候，创业这个念头像条蛇一样鼓动着唐龙那颗年轻不安的心。终于这个实干家决定辞职创业了！

但是，创业应该做什么呢？

网上到处都是铺天盖地的广告，写着“打工不如开小店”、“轻轻松松月入3万元”……

开店似乎是个不错的选择（2005年）。尤其是各类餐饮店，几乎家家排队，火得一塌糊涂。所以，那个时候很多年轻白领的梦想是拥有一家属于自己的特色餐厅：餐厅不需要太大，200平方米就好，环境优雅、菜品精巧别致、服务高端，再加上一些新颖好玩的活动，看起来既有品位又赚钱。唐龙也是这么想的，于是一边在办离职手续，一边开始找铺位。

在北京城八区、郊六区转了一圈之后，他发现，但凡地段好一点的，适合做餐饮的200平方米左右的铺位，每年的房租都在20万元~100万元之间（这是2005年的价格）。

“没关系，我们可以从小做起”，唐龙夫妻两个互相安慰着。当年海底捞不就是从四张桌子的一家小店做起的吗？还有很多老板也是从卖馄饨开始的，这些励志故事也激励了很多人。于是，他们的目标开始转为找10平方米左右的小店。又经过对他们附近熟悉的小商铺的仔细筛选，他们终于找到了一个还算满意的地方。在一个大型中档社区的最里面，有一个比较隐蔽的二层超市，一层卖蔬菜、主食、面条等，二层卖一些简单的日用品。超市虽然有点破旧，但是由于地理位置特别好，附近几栋楼的居民为了方便，会经常光顾，来这里买菜、买主食。就在这家超市的一层，有三个10平方米左右的档口，一个档口卖炒饼，一个档口卖面条、饺子皮等，中间一个档口闲置，租金一个月6000元，唐龙就看好了这个档口。

他们的梦想就从这里起航了！他很快就跟房东签了合同："租金每月6000元，半年一付，压一个月的房租，预留半个月的装修期。"

店铺是找好了，但是卖什么呢？于是他们又开始考察各大餐厅、小吃店等。经过一星期的纠结筛选，他们发现"麻辣香锅"又好吃又流行，更重要的是，他们认识一个行业泰斗级的大师，做麻辣香锅更是一绝，于是他们请大师亲授了麻辣香锅的成套秘籍和配方。

有了店面，有了配方，马上就要开张了！就在这个时候，唐龙的一个表弟郑可来北京了。郑可没有太高的文化水平，初中毕业。毕业后就一直到处打散工，自己考了电工证，主要就是在工厂里检修电路。郑可人很老实，长得白白净净的，非常内向。郑可的母亲和唐龙的母亲都给唐龙打电话："你表弟去北京了，你多照顾点他，看有什么合适的机会，给他留意点。"正好唐龙准备新开的店也缺人手，唐龙如获至宝一般，决定跟自己的表弟干一番事业！就这样，一个IT精英和一个电线维修工的创业组合成立了。

至于是怎样的合作方式，他们从来没有聊过，至少在唐龙心中，郑可是他的弟弟，是他的重要合作伙伴；而在郑可心中，则是表哥让干啥就干啥。这种组合方式，为他们以后的失败埋下了一粒种子。

小店开始营业前的第一件事就是要收拾店面，这一收拾不要紧，发现真的是样样花钱。后厨需要大量设备：炒锅、炸锅、大功率电磁灶、抽油烟机、冰箱、电饭煲……七七八八的投入加起来4万多了。这还不算购买餐具、食品原材料等小钱。后面厨房要添的设备太多了，前厅实在是没钱再做装修了，他们想象中的精致品牌小店，亚克力门头、灯箱菜谱、别致的小座位、现代化的收银台……全都没有！取而代之的是简单的喷绘版招牌、一个并不太漂亮但还算干净的食品展示柜、几个简单的小圆凳子。尽管如此，他们仍然充满希望，他们心中有个榜样，海底捞的张勇就是从4张桌子起家的。

开张第一天，生意还真不错。他们置办了一批漂亮的气球，凡是进到这个超市来的，都送一个气球。唐龙长得面善，也算比较帅气，客人喜欢这个老板。而且凡是接了气球的还会再送一杯冰爽的酸梅汤。大热天的喝上一杯还真是舒服，为了一杯酸梅汤，也就点一份香锅尝尝了，反正价格也不贵。难得的是，这么一家不起眼的小店，做出来的麻辣香锅的味道超赞！就这样，第一天就卖出去了20多份香锅，收入1000多元。算是一个小小的开门红！连续10多天，大概也都是这个水平。每天收入1000多元，一个月就是3万多元，听起来是不少。

可是把唐龙累坏了。每天早上7点钟，唐龙就要去菜市场买菜买肉。9点左右回到店里就开始择菜、切菜、处理排骨、鸡翅等。11点左右就开始有客人了，唐龙既在前面负责接待客人点餐，接单后又赶紧在后面炒香锅。下午2点客人稀少了，可以稍微休息一会，但还得抽时间把酸梅汤兑好、香锅油榨好、米饭焖好，有时候还要清洗设备。到了5点钟，就开始来客人了，唐龙同样既在前面接单，又在后面炒菜。一直忙到晚上9点钟，所有当天的原材料都卖完了。9点钟以后，唐龙会把一天的收入支出记个账，并把现金核对清楚。最后会清洗一天的餐具，打扫店面卫生。等离店的时候，晚上10点多钟了。每天都是这样，周而复始。

而郑可做的工作就是：跟在唐龙后面，问唐龙该干什么。唐龙说剥蒜他就去剥蒜、唐龙说择菜他就去择菜，但经常会被唐龙返工。小店的核心岗位“接待客人”和“炒香锅”，郑可从来不碰，他说自己太内向，见人说话就脸红，不适合接待客人。炒香锅他更是害怕，他说设备太复杂，他不敢动，怕危险。

但郑可唯独对晚上算账感兴趣，每天唐龙算账的时候，他都在一边乐呵呵地看着，反复追问这一天卖了多少，在他心目中，每天收入1000多元绝对是个发财了的数字。

就这样，小店所有的工作都是唐龙一个人在做。好在刚开张，每天也就炒十几份香锅，唐龙还应付得过来。

每天1000多元、一个月3万多元的收入听起来是不少，可是除去原材料、房租、水电费等成本，每月剩下的净利润也就不到6000元，如果两个人分账的话，每个人拿到手就是3000元！要知道，唐龙在IT公司工作的时候，可是月薪8000元，现在累死累活挣这点钱，是远远不够他维持生活的！

必须要吸引客流，提升营业额！唐龙每天晚上回家以后就开始发帖子，尤其是他们这家小店是开在一个高密度的社区里的，有个专门的社区网站，客户黏性非常高，客户浏览量也比较大。在这个网站上发帖子之后，渐渐有人跟帖，每天的销量逐步在提升。

但是，让他们生意一下子火起来的是当年的一个自媒体大V的推荐！

有一天，一个特别有气质的年轻女孩来点了一份麻辣香锅，对香锅的味道超级满意，就开始跟唐龙聊了起来：“麻辣香锅味道很赞，我可是顶级吃货，你这手艺从哪学的！”她正是自媒体大V“千山舞苑”。

“您可真有眼光，我是跟着顶级大师郭老学的，您要是资深吃货一定听说过他吧？”

“当然听说过，怪不得这么正宗！你不是干厨师的吧？”

唐龙呵呵一笑："我之前是干IT的。"

……

两个人就这么投缘地交谈起来了。

在交流中才知道，"千山舞苑"是在这个社区里教舞蹈的，她的主要客户就是靠网上发帖吸引来的，她每条帖子发出去之后点击率都在2000次以上，用现在的话说，她当年至少有1万多名活粉！

"我帮帮你，你太棒了，我相信你能行！""千山舞苑"对唐龙很感兴趣。"我就是听我的客户说了，说这边有一家不起眼的小店口味特别棒，今天特意来尝尝，果然不错！"

没过两天，小区的论坛里活跃起来了，网友之间流传出这样一个关于创业的爱情故事："有一个英俊潇洒、风流倜傥的年轻小伙子，本来是干IT的，为了攒够生孩子的钱，毅然决然地辞职在小区里开了一家麻辣香锅的店。小伙子有担当，有魄力，说干就干，不但把店开起来了，而且做出来的香锅味道超赞，大家都支持他们一下，支持一下这一对来北京漂泊的小夫妻……"

一时间这个帖子被转发了600多次，跟帖2000多条。大家之所以对这个帖子这么关注，是因为唐龙的故事承载了两种人的梦想：一种人是艰辛的北漂一族，他们太希望看到成功的案例了，尤其是身边的成功故事。像唐龙这样有情有义的男人，是很符合大家的期待的。另一种人是想创业一族，开个属于自己的小店是多少上班族的梦想，但是很多人又不敢迈出这一步，现在唐龙在尝试，所以大家高度关注，似乎他成功了，就预示着自己也会成功。

也就从那个时候起，唐龙真正见识了互联网营销的威力。

发帖后的第二天，刚过中午，一天的原材料全都卖完了！下午不得不加急采购了一批。第三天，唐龙加大了一倍的原材料采购量，不到中午，一大群顾客就把他这个小店围得水泄不通！第四天，唐龙又加大了一倍的原材料采购量，仍然很快售完！第五天，又加大了一倍的原材料采购量。

一时间，这个小超市可热闹了，整天一大堆人排队吃香锅！连这个超市的老板都下来看是怎么回事！最疯狂的是，有人为了等着吃一顿香锅，竟然从1点钟等到3点钟！

唐龙忙得四脚朝天，郑可乐得合不上嘴。

来这排队吃香锅的人，都是看了帖子过来的，其实大多是为了两个目的：一是来看热闹的，看看这个IT帅哥有多帅！二是来看自己热闹的，开个特色小吃店是无数人的梦想，但是没人敢跨出这一步，现在有人跨出去了，当然要来看看身边这个成功的例子了。再者，香锅的口味也的确很正宗，价格还便宜，来了也不会觉得失望，所以就开始口口相传了！

更重要的是，几乎所有人都盼望他们这家小店做起来，希望尽快做大做强，做成连锁店，做成第二个海底捞。因为这家小店，这个IT男承载了太多人的梦想！“千山舞苑”的帖子就发了一次，唐龙的故事和他的香锅就在大家口中相传着，到后来更为神奇的是，除了本小区还有其他小区的人过来吃，甚至还有别墅区的人。

经过一段时期的火爆，他们的营业额也从1000元翻到2000元，再翻到4000元，最高的时候突破了9000元……但后来一直维持在3000 ~ 4000元就再上不去了。因为他们有一个最大的制约瓶颈：产能！

首先，后厨只有一口电磁灶，不管外面排多少人，他只能一锅接一锅地炒，很多人一等就是一个小时以上，而且这个地方环境不太好，等位的时候顾客体验极差；其次，店面面积太小，每天采购的原材料一多，就没地方放。销售额达到9000元的那天，顾客体验极差，原材料堆得到处都是，香锅炒不出来，好多人等了1个多小时没有等到就走了。第三，人手严重不够，尽管生意这么火爆，但是从前面接待到后面炒菜基本上全是唐龙一个人在忙。郑可所做的工作依然是打下手。唐龙妻子每天7点下班后会来店里帮忙，但基本也只能帮忙招呼客人、打扫卫生，力量微薄。第四，一直在超负荷劳动。人都会疲倦的，经过一个多月的高强度运作，唐龙的体力完全透支。在没有休息、超负荷、连续劳动的情况下，即便是“钢筋铁骨”的人也坚持不了多久。最重要的是，作为老板，唐龙其实完全充当了一个厨师的角色，他完全没有时间去给他们不满意的客人道歉、没有时间浏览帖子看大家的评论、没有时间跟自媒体大V商量如何继续发帖扩大影响力，更没有时间考虑如何增加一台电磁灶来扩大产能。每天被水泄不通的客人围着，他能做的就是一锅接一锅地炒，炒完之后赶紧买菜、择菜……老板最应该做的事情他没有做。

一方面是心疼丈夫，另一方面是看着到手的钱挣不到手里，唐龙的妻子急了：“你必须得让郑可学会炒菜，他不能只做个打杂的。”

“他不是打杂的，他是我弟弟！我必须要照顾他。”

“他现在是你的合作伙伴，他不会炒菜，那么多客人你应付不过来，他们早晚会不满意的，生意还会冷清下来，到时候看你怎么照顾你弟弟！”

唐龙终于开始教郑可炒菜了，一直练了半个月，他才勉强学会。前提是唐龙必须提前榨好香锅油、处理好鸡翅、排骨等这些高难度工作。

尽管这样，还是对唐龙有很大帮助，他可以接外送业务了！

两个人每天轮番接单、炒菜、送外卖……

毕竟能在这种狭小的环境中吃香锅的，也就是为了目睹一下这位IT帅哥的真容，看过热闹之后，就很难再来了。而他们有外卖业务，正好可以弥补这一部分客户的流失。就这样又坚持了一个月，郑可受不了了，提出每周必须要休息一天。唐龙竟然答应了！那唐龙不就更累了吗？

唐龙妻子又着急了，招来了一个新员工佳佳来店里打工，每月开2000元的工资。这样好歹能喘口气了，因为三个人每人每周可以轮流休息一天。开店三个月了，唐龙终于休息了第一个周末。

终于可以休息了，辛苦了三个月的劳动成果如何呢？唐龙不肯歇着，开始细细地算起了大帐：扣除开店的投入费用、买原材料的费用、给佳佳的工资、维修设备的费用等之后，三个月的净利润是16 800多元。唐龙给自己留了8000元，给了郑可8800元，郑可拿到之后没有说什么。

郑可的母亲着急了："怎么可能那么少？你们不是一天能卖3000多元吗？一天3000多元，一个月就是10万元的收入，三个月得30万元呢。怎么才给你8800元？"她觉得自己的儿子太傻，被唐龙给骗了。

"我问你，是不是你们店里的钱都是你表哥管着呢？他每天算账的时候你看不看啊？你得留个心眼，别让人家给骗了！"郑可的母亲喋喋不休地教导着自己的儿子。

而这些，最初唐龙是不知道的！

在郑可、佳佳加入之后，唐龙倒是可以稍微喘口气了，就是客人开始不满意了！郑可炒的菜不是咸了就是淡了，佳佳择菜也很不用心，有的时候特别浪费，有的时候择不干净。唐龙发现了，就会把菜重新做一遍，发现不了就给到客人了。最重要的是，唐龙休息的时候，他们也不会去接待客人或接电话，完全没有唐龙的热情和彬彬有礼，客人们很不满意。而看到这些情况的时候，唐龙总是文质彬彬地说一声："郑可，我们要注意点跟客人说话的语气。"他从来不会批评郑可，在他心里，郑可是弟弟，他对这个弟弟只有疼爱、关心和照顾！对于佳佳，唐龙更是懒得管，也不敢管，能到这种小地方来打工的，除了佳佳，估计也不会有第二个了！之前他也面试过好多人，但面试者来了看到是这种小店面后，扭头就走。

营业额固定在4000元左右是再也上不去了，而且有下滑的趋势！

这回"千山舞苑"是帮不上忙了，因为来再多的人，他们这个10平方米的小店的产能也供不上，客户体验也不好！更加雪上加霜的是，房东见他们生意好，要涨房租，由原来的每月6000元涨到8000元，理由是：他们的生意好是因为这个档口的位置好，这个档口是三个档口的中间位置。

在种种原因下，唐龙想明白了一个问题：要想生存，必须发展！现在需要赶紧开一个规模大点的、正规点的品牌店。于是又开始了新一轮的找位置、找铺面……

情况还是跟一开始一样，适合一点的铺面启动资金都要在20万元以上，而且做餐饮需要一个“培养”客人的周期，这个周期至少要6个月甚至更长。也就是说，至少6个月的时间是一直亏损的，这6个月需要有足够的资金支持。

小店这边大家都有点倦怠了，太累了，而且每天就这样3000多元的流水，无法扩大产能，无法扩大营业额。渐渐地，酸梅汤也不送了，门店的卫生也做不到位了，招牌菜——蒜香排骨香锅因为做起来太麻烦，也被取消了。

快到三个月的时候，唐龙又算了一笔账，这次因为没有了前期投入，除去原材料、佳佳的工资、房租……净利润是33 000多元，唐龙给自己留了16 000元，折合一个月5300多元收入；给郑可留了17 000元，折合一个月5600多元收入。对于郑可来说，这个收入还是比较满意的，比他做电工要稍微强一点。只是郑可的母亲又有话说了：“看看，我说什么来着，你们的帐有问题吧。这三个月你盯得紧了，收入的钱就多了。下个月你还得继续盯紧点。你个傻孩子啊，就得多留个心眼……”

这话是唐龙后来从自己母亲那听说的，他很伤心！

对于唐龙来说，如此辛苦，如此投入，看不到未来，每月也就5000多元收入，远没有他上班一个月稳拿8000元合适。更重要的是，眼前这个局面，短时间内看不到未来。要想扩大，就需要好几十万的投入，他没有那么多钱。

恰巧这个时候，唐龙的一个朋友给他推荐了一份IT公司的工作，是某知名IT公司的部门经理，很好的薪资、很好的职位、很好的公司、很好的前景……唐龙实在是累了，妻子也鼓励他去新的公司，或许对于他们这样的北漂族来说，稳定比奇迹更现实些。最后一个月的时候，他们就开始筹备关店的事情了。

唐龙在新的公司上班了，曾经的快节奏、高压力现在对他来说倒成了享受，毕竟可以在有空调的办公室里工作，毕竟每周还有周六日可以休息。

唯一比较遗憾的是，听说唐龙的店转让了之后，很多人在网上追问：店为什么关了呢？也不知道攒够了买房的钱没？……

唐龙不知道该如何回答。渐渐地，大家也都忘了曾经有一个叫唐龙的人，给大家演绎了一版现实中的爱情与创业故事，没有结局……

创业心经

失败的主要原因总结：喜欢埋头苦干，却没有设限。

在现代社会中，像唐龙这样踏实肯干的人越来越少了，脚踏实地确定是一种非常难得的好品质，所以，因为他的务实和勤奋，给他带来了项目初期的成功。

初期成功经验。

1 创业的理由朴实而坚定。

案例中的唐龙不是因为厌倦了眼前的工作而创业，也没有梦想一夜暴富。他只是有一个很朴素的理想，希望找到一个挣钱多一点的事业。所以创业对唐龙来说是获得更多财富的一种探索，一种尝试，一种可能性！唐龙清晰地知道在这种可能性里面需要付出更多的辛苦，也知道会有失败的可能性。

厌倦了眼前工作而创业的，是逃避问题。工作都做不好，逃避到创业中未必就能成功。想一夜暴富的是投机心理，只想到了创业成功后的辉煌，没有考虑创业中的艰辛。唐龙是实实在在地把创业当成了一种尝试，一种可能性，所以心态更低，制订的目标也更合理。

2 脚踏实地，步骤清晰。

在创业之前先进行大量的市场调研，针对门店选择、行业选择、菜品选择都进行了走访调查，这是非常重要的。比较难得的是，这些事情都是唐龙亲力亲为去做的，而且行动迅速，在创业初期这是一种难能可贵的精神。很多初期创业者都是停留在规划、想法的层面，当要去做这些具体的工作时，就不愿意做了。

3 网络营销非常成功，传播定位准确。

唐龙在互联网营销兴起的早期，成功运用了这一工具。从互联网营销上看，有四点是值得借鉴的：第一点，塑造了一个很好的故事，一个爱情励志故事，这个故事能引起大多数人的共鸣；第二点，承载了太多人的期望，大多数人都希望看到美好的结局，所以在产品不让大家失望的前提下，大家非常愿意支持；第三点，唐龙作为老板，其个人的形象包装以及创业的故事本身是在为自己代言，也起到了品牌宣传的作用，类似早期聚美优品的陈欧，他倡导的就是“我为自己代言”！第四点，在整个互联网营销过程中，没有涉及“选料讲究”、“配方正宗”等这样和产品的品质相关的广告。全都是讲的唐龙的创业故事，与麻辣香锅没有任何关系，但是传统行业的老板往往最不能接受这样的营销形式。

但是若过分亲历亲为，会给项目后期的发展带来制约。能上能下，既能具体落地，又能在关键时候跳出琐碎的具体事务，进行大局的把控，方能保证项目的成功。

创业过程中的失败经验。

1 没有区分清楚做事业和待人的界限。

从案例中不难看出，唐龙是个非常厚道的人，并且比较爱面子。

但既然是创业，终极目的就是要服务好消费者，从而获得利润。唐龙对于表弟郑可过于宽容，以至于郑可无论是从菜品的出品质量还是服务态度上，都严重伤害到了消费者，这种狭义的厚道、善良其实是伤害了更多支持他的人。很多人跟亲戚朋友创业就绕不开这个问题，比较重感情，甚至狭隘地袒护自己人，最终可能会导致公司无法做大做强。

问题（1）：感情用事，选择合伙人失误。

在决定现代企业核心竞争力的几大要素中，“人”的因素已经被排在了第一重要的位置。更何况是一个创业公司的合伙创始人。合伙创始人的重要程度不亚于结婚找伴侣的重要程度。但案例中的唐龙没有明白“合伙人”的重要意义，一个合格的合伙人应该具备以下几个条件：

1）高度认同公司项目，两个人志同道合。

2）合伙人各有所长，有能力且愿意贡献自己的人脉和资源。如果什么都没有，就没有资格做合伙人。

3）合伙人之间是合伙做事的，每个人都应拼尽全力贡献自己的一份力量，都要主动献计献策。

4）性格互补，相处融洽。

如果没想明白上面这几层意思，那就担不起“合伙人”这沉甸甸的三个字，就算朋友一起合作，也要想清楚，自己到底能给这个团队贡献什么。而唐龙显然没有明白合伙人的意义。并且这个合伙人并不能贡献资源。唐龙就出于“帮助”把他放置在合伙人的位置上，结果却误人误事！

问题（2）：合伙人没有尽到相应职责，却一直在索取回报。

唐龙从一开始就打算自己扛所有事情，除此之外，他还给自己加了一个沉重的负担——弟弟。他把郑可当亲弟弟一样呵护、关爱、包容……这种情愫是不应该出现在创业中的。创业者可以疼爱、怜惜、保护任何人，那是生活中的自由，但是在创业中，合伙人必须能够一起奋斗、相互扶持。

而在收入分配的问题上，唐龙更是以最朴素的“大锅饭”的思想，给合伙人以更优厚的待遇。这种博爱、伟大、善良、淳朴在创业中只会失去激励机制，只会使公司丧失运转活力。

而案例中的郑可就更有意思了，他或许根本就没有想过，原来自己也算合伙人。他的想法可能更简单，自己就是来找工作的，干一天活就要挣一天钱。在生意迅速好转，产能急需扩大之际，这位合伙人更是没发挥什么作用，只能眼睁睁地看着机会溜走。

问题（3）：作为老板必须要懂得“慈不带兵，义不经商”。

老板的根本职责是，确认了一个项目，但分身乏术，需要很多人一起将这个项目变成现实，最终实现大家都挣钱的目的。所以老板的核心职责就是让别人按照他的想法去做事，或者说，让别人去做他无法分身去做的事情。老板的主要任务就是保证项目可以达到预期目标。

而做人的本质，尤其是做一个好人的本质就是：让别人处处觉得舒服。自己牺牲一点不要紧，不能伤害了别人。至于长远的发展、未来的规划，其实很多“好人”都是不考虑这些的。当然，并非“好人”不能经商，只是需要分清楚场合。

2 凡事亲历亲为，不愿意统筹协调、调动资源。

问题（1）：其中一个隐藏的危机就是老板事事亲力亲为，没有时间统揽大局做管理！

所谓成也萧何、败也萧何，老板事事亲力亲为在创业初期可能是好事，但是在公司走上正常运营的轨道之后，老板若仍然每天还做具体的事情，而且是非常低级的、毫无技术含量的事情，自然就没有更多的精力去思考管理方面的问题了。可诸如营销、人员管理、菜品更新、竞争对手调研这样的事情，似乎看起来又比较虚，但是不提前做好准备，顺应市场、环境的变化，不及时调整就等于“慢性自杀”。

问题（2）：凡事亲历亲为的坏处：自己的经验没有被复制，会制约项目的快速发展。

在项目取得一定成绩，快速发展的时候，制约其发展的最大问题出现了：人员和产能。

所以老板更重要的一项职责就是：思考发展的问题。此时的唐龙，不但没有时间思考发展的问题，更制约了项目的发展。择菜标准、炒菜技术、账目清单、接待客人等这些事情离不开他，别人又做不好。这并不会说明他能力有多强，只能说明他没有带出一支很好的队伍，他不适合当老板。当然，这与前面提到的他没有分清楚做事业和待人的界限有很大关系。

一个成功老板的显著标志是：团队在有你没你时一个样！甚至当老板不在，或者不参与意见的时候，员工（或队友们）给出的意见比老板更高明！这个时候的老板只需要考虑两件事情就够了：1）如何让企业有更大的发展，给员工更广阔的平台；2）如何给员工分钱。

问题（3）项目在发展到后期时没有很好的规划和资源（包含财务、人力等）支持。

所有创业企业的致命伤：人、钱！没有合适的人，企业做不成。没有源源不断的人才储备，企业无法发展！钱的问题，在此指的是现金流的问题（本书多个案例中将会重复强调这一问题）。无论是处在什么阶段的企业，在每一个老板的脑子里，无时无刻都要有下面这么一个逻辑公式。

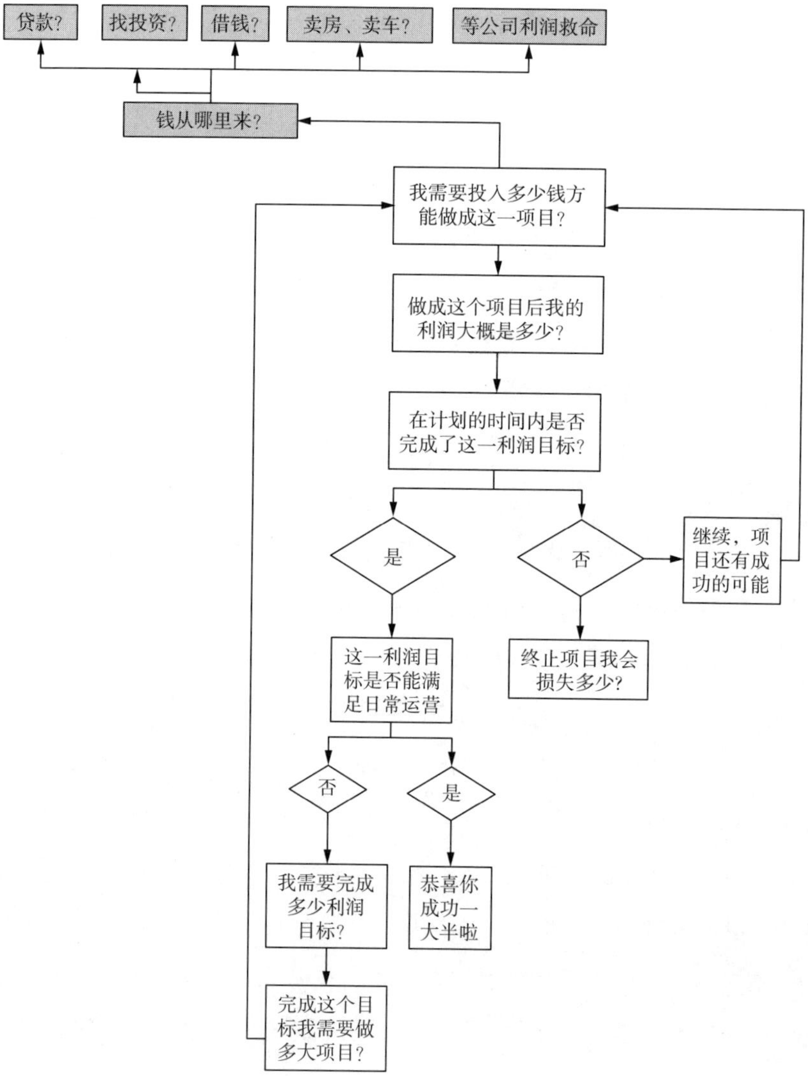
贷款？
找投资？
借钱？
卖房、卖车？
等公司利润救命
钱从哪里来？
我需要投入多少钱方能做成这一项目？
做成这个项目后我的利润大概是多少？
在计划的时间内是否完成了这一利润目标？
是
否
继续，项目还有成功的可能
这一利润目标是否能满足日常运营
终止项目我会损失多少？
否
是
我需要完成多少利润目标？
恭喜你成功一大半啦
完成这个目标我需要做多大项目？

第三节
以部门经理的思维创业

经典案例

侯明华最不喜欢做的事：与人打交道，与钱打交道，只想自己做技术。

说起侯明华的故事，可以用八个字概括“哀其不幸，怒其不争”！

侯明华原本是一家中型IT公司的部门经理，而且是公司的核心部门。公司老板是个非常勤奋的富二代，公司运转良好，资金流充裕，利润可观。最关键的是，这位富二代老板在打工历练期间，曾经是侯明华的下属，后来父亲投钱给开了一家公司，就重金把侯总请了过来，坐镇公司副总，负责公司最重要的产品管理和企业运营。老板对侯总不但给予很大的信任、支持，还给予了丰厚的期权。但是，这家公司的辉煌并不是侯总一手创造的，富二代老板是在公司运转正常、利润稳定后把侯总请过来的，侯总的主要工作就是负责公司正常的运营、产品开发等。

他们就这样和谐共处了三年。

三年后，恰逢3G时代来临，正是微博、微信等移动互联网时代刚刚兴起的时候，侯总提出了辞职，想自己创业。侯总的创业是“蓄谋已久”的，他不但自己半年前就开始筹划辞职，更是把他手下的精兵强将技术、产品管理、UI交互等核心人员全部带走，集体跟他去创业！

老板急坏了，在他们闹离职的一个月时间里，老板几乎天天轮番请他们吃饭、谈话。最有诚意的是，老板为了挽留产品经理，直接把3个月的工资打到了产品经理的账上。即便这样，仍然没有挽回他们要辞职的决心。

就是在这样的毅然决然之下，技术经理老乔、产品经理老何、UI交互师紫萱、侯总一起开启了创业之路。然而戏剧性的是，在他们决定辞职的时候，一个刚毕业一年的小丫头小玫也慷慨激昂地说："我也要辞职，我要跟着侯总创业！"比这更为戏剧性的是，侯总居然感激涕零地收了她，却没有想到，因此惹出了一大堆麻烦事！

5个人同时没了工作，他们的创业之路似乎就此开始了！

辞职后的第一个月，5个人的日子很是舒服，隔两天发个邮件讨论几个创意，偶尔去咖啡馆坐坐，开个小会，也不见有什么进展！舒服了一个月后，他们觉得这样不行，于是几个人商量，租一个办公室，每天去坐班！但租办公室的钱从哪里来呢？这几个创业的人，除了侯总是北京女婿不愁吃喝，其余人都要还房贷、养孩子、养父母，尤其产品经理的妻子还在怀孕。这些问题在辞职之前他们都没有想过！

侯总果断决定自己出资20万元，用来租赁办公室，并给团队开工资，并制订了如下方案：技术每月薪资18 000元，每月实发8000元，剩下10 000元入股；产经理每月薪资15 000元，每月实发5000元，剩下10 000元入股；UI交互师每月薪资15 000元，每月实发5000元，剩下10 000元入股；小玫每月薪资10 000元，每月实发10 000元，没有股份。

这份方案看似合理，但又说不出来有什么别扭的地方，他们就这么开始坐班了。一家看似前途"不可限量"的公司就这样问世了！然而，令所有人没有想到的是，他们公司正式成立之后的第一大问题是，不知道自己该做什么产品，而且不知道自己做的产品该给谁用。

所以，他们开始了漫长的讨论，他们清晰地知道微博、微信、二维码这些东西是新兴事物，很快会火起来……他们拥有过硬的技术……但他们确实不知道该做些什么产品，做了这些产品又该给谁用。

就这样，他们在那间10平方米的办公室里，又讨论了一个月，毫无收获！关于他们公司做什么产品这事就一直被讨论着、规划着……

事情有转机是因为产品经理急了，他的妻子还有两个多月就要分娩了。他拍着桌子对侯总说："你别管做个什么，先做一个出来，然后拿着给客户免费去试用！"

众人这才开始着手做跟开发有关的事！

产品经理老何想找客户，老何的妻子就开始到处奔走，忙着给他们找客户！因为她也是某知名上市公司的部门经理，故而找来了一个超级有含金量的客户：国内知名传媒公司上市企业——H公司。

H公司的常务副总裁卫总和老何的妻子有多年的交情，非常愿意扶持创业公司，于是请侯总他们公司针对H公司的客户应用系统进行二维码的定制开发，并且是按照市场价进行付费合作。虽说总标的不大，也就30多万，但是项目工程不复杂，更重要的是，做完这个项目，将对他们公司的品牌知名度有极大的提升和帮助。而且H公司的卫总明确表示，H公司正在进行信息化升级变革，只要第一个项目做得漂亮，以后还有更多的项目可以与他们合作。

真是喜从天降！

接到这样的大单，按正常逻辑，他们应该好好庆祝一番，然后集合全公司之力做好这个项目，继而跟对方公司继续扩大合作。哪怕他们公司以后什么也不做，就把这一家全国最大的传媒上市公司服务好，也足够维持三五年！

然而，让所有人意想不到的是，侯总把所有的事情都甩给了产品经理老何一个人去做，甚至连签合同都没有露面。理由是他不喜欢跟客户打交道。技术经理、UI交互师依旧在忙着规划他们该做什么产品，对老何的项目根本不感兴趣。因为这个项目是老何妻子介绍的，所以，他们认为这是老何的事，跟别人没关系！

15天过去了，项目毫无进展！

20天过去了，客户需要的产品还没做出来！

30天过去了，客户要求做测试，他们一大堆借口，连页面都没有做出来！

40天过去了，毫无进展……

项目没做成，最下不来台的是老何的妻子！传媒公司的老总很介意，为什么她推荐了这么一家不靠谱的公司。老何的妻子能感觉到丈夫这边的无助，所以她决定直接跟侯明华好好谈谈。老何的妻子温婉地、有条理地给侯总讲起了服务大客户的流程。从谈大客户的技巧，到这家传媒公司的需求痛点，再到每个时间节点该完成的任务……她认真地讲了4个多小时。临走，老何的妻子还给侯总留下了一份其他公司的产品案例，告诉他只要照着样子做就行！侯总感激涕零，大加赞赏，并连连点头表示一定会办好！

然而，又是15天过去了，项目依然没有动静！

又是30天过去了，除了老何忙里忙外地着急催这件事，别人都明确表示，这件事情和他们没关系！甚至当老何的妻子再问侯总，为什么没有按照他们之前谈好的计划进行，客户已经很不满意了，侯总竟然说："我不知道呀！都是你家老何跟他们沟通的。"

三天后，老何妻子被传媒公司老总不留情面地警告："我从来没想到你是这么不靠谱的人，我对你很失望！"

老何的妻子彻底崩溃了。

然而，对于她的伤害，这才是第一次！

老何的妻子开始对老何表达强烈的不满，这个客户丢了之后，她深深地觉得看不到希望！

这个时候，他们公司自己设计的产品终于问世了——一款不怎么好用的二维码软件，针对人群是新婚用户。简单说就是扫一下二维码，就可以看到新人的结婚照。老何妻子做了10多年市场营销了，以她的专业水准来看，她实在不知道客户为什么需要这款产品。她更知道，面对结婚市场，这款产品的市场份额微乎其微！更何况他们的产品性能实在是比较糟糕，页面经常打不开，而且不时有小问题出现。

老何妻子又一次约了侯总，她以自己多年的市场敏锐度做了专业的数据分析和竞争对手研究报告，并跟他做了详细的剖析，告诉侯总这款产品不行，没有未来，没有市场！同时，她给侯总带去了一个好消息，邀请侯总出差去一次云南，她的老东家想做二维码溯源产品的定制开发，项目总金额50万元以上。老东家愿意把这个项目给他们，扶持一把创业公司。然而，侯总却说："我不想去做那样的产品！这个50万元的单子，我们就不接了。"老何的妻子无法理解，一个初期的创业公司，为什么放着这么好的项目不接。

后来，老何说了实话："因为很快要有个婚博会，侯总要在婚博会上推广自己做出来的产品，他想集中精力办这个事情。"

"到手的50万元不去挣，去婚博会上推广产品，你们知道去婚博会展位费多贵吗？"

"我们没有展位，只是去现场发名片。"

老何的妻子再次崩溃！

在婚博会当天，一方面是出于好奇，另一方面是真心想帮自己的丈夫，老何的妻子去了现场，然而却看到了这样一幕。

5个人躲在展会上一个清静的角落里，侯总拿着相机在拍着什么，技术经理老乔坐在椅子上玩手机游戏，UI交互师紫萱和刚毕业的小玫嘻嘻哈哈地打闹聊天，只有老何在给两个客户介绍他们的产品。

这是一个创业公司该有的状态吗？这一群人就是这样做市场推广的吗？推掉了50万元的大客户订单不接，就是为了跑到这里来聊天？

婚博会的推广，意料之中的毫无收获！

老何的妻子分娩了！生下来一个胖嘟嘟的小公主。然而，在老何妻子生下孩子的第二天，侯明华宣布："我拿出来的20万元花完了，从这个月起，不发大家工资了。"

一个是刚刚分娩的妻子，一个是嗷嗷待哺的孩子，没有工资怎么过？

与此同时，技术经理老乔家里也有事！老乔的父母岁数大了，身体不好，在这个节骨眼上，他父亲还住进了医院。孩子正处在上幼儿园的年纪，报名就得先交半年的学费。

就在这种情况下，毕业生小玫也上演了一出闹剧，开始跟团队的人吵架，尤其是跟UI交互师紫萱吵得最凶，两个人经常因为一点小事就开火。小玫总要到侯总那里去哭。小玫哭闹的这种情况持续10多天以后，侯总终于无法忍受了，半夜召开紧急会议，讨论要不要开除小玫，理由是："我不能天天哄孩子……"以此征求大家的意见。

创业，最可怕的不是吃苦，不是没钱，更不是客户的拒绝……创业，最可怕的是没有希望！在这种没有希望，看不到未来的日子里，所有人都恐慌了。大家可以没有工资、没有收入，但房租不能不交、水电费不能不交……更让人觉得恐慌的是他们的公司没有任何发展。

随后，技术经理老乔离职了。再接着，老何的妻子检查出来有非常严重的产后炎症，老何在医院照顾了妻子十几天。待妻子出院之后，已经有新的单位向他抛出橄榄枝了，他去侯总那里简单交接了一下，就去新单位上班了。又是一个月后，UI交互师紫萱以要回老家找对象结婚为借口，也离职了。公司就剩下侯总一个人了，侯总搬到了一个更小的办公室，继续做着他的产品规划！

三个月后，老何的妻子重新回到了工作岗位上，公司有个机会，需要做二维码监控系统，项目虽然不大，但利润还可以，三个月做下来也能挣几万块钱。她毕竟还是想帮助创业的侯总，又一次给侯总留言，告诉他有这样一个项目，希望他争取，侯总这样回复："非常感谢你还想着我，真的特别感谢！但是我不想做那样的事情，我在规划我的产品平台，我想集中精力做这个。"

[创业心经]

失败的主要原因总结：以部门经理的思维在创业。

1 **不清楚老板到底该做什么。**

老板的第一项职责是了解清楚自己的核心优势，做好完善的项目规划。

案例中的侯明华压根没有做到这些。具体表现在：

问题（1）为什么要创业是很多人没有想明白的问题。

创业，应该是在看到了一个很好的市场机会，或者是自己在某一方面特别擅长，认为可以实现这方面的理念，才进行创业的。但很多人是因为不满足现状，或者说在公司没有得到相应的待遇，一时冲动去创业的。勇于挑战，勇于证明自己本来是件好事，但需要认真评估一下，自己是否已经具备了创业的诸多潜质。一个连为什么要创业都没有想明白的人，如何能考虑清楚自己的核心优势，更别说承担做老板应该承担的责任了。

问题（2）不知道自己团队的核心优势是什么，不清楚自己的客户是谁。

这个听起来似乎有点可笑，但确实很多人、很多公司并不明白自己的核心优势是什么。只是别人做什么，自己也跟着做什么。即便不是为了创业开公司，也应该想清楚自己个人的核心优势是什么，但是很多人都没有想明白这个问题。

此外，自己的产品做出来了，却又不知道给谁推广，或者说不清楚目标客户是谁，但实际上若没有找准用户的痛点，那么用户未必会使用。上述案例中有两处出现了这方面的问题。

一是刚创业时，他们根本就不知道自己的产品该卖给谁，只知道要开发一款很牛的产品，他们认为只要产品开发出来了，就有人用。但产品是什么不知道，谁可能会用也不知道。

二是开发的关于婚庆产品的二维码，他们想当然地以为结婚的人会用。但是这个产品特别简单，也仅仅就是扫二维码能看结婚照而已，并不是一个必需品。而且，办豪华婚礼的人不喜欢这款产品；不办豪华婚礼的人，更不会浪费钱买这样一个不太实用的产品；而且婚庆市场的规模有限，没有相当的市场规模，很难养活这么一个可有可无的产品。

做领导者和做部门经理是有本质的区别的，案例中的侯总也许是个优秀的部门经理，但未必是一个合格的老板。因为部门经理的首要职责就是，按照公司的计划，达成自己部门的目标即可。不用考虑公司是否盈利，不用考虑自己的产品生产出来会卖给谁。即使很多部门都在做市场分析、核心竞争力研究……但做完之后都是要拿给领导把关的。

老板的第二项职责是做好团队配置，定好规则，并给团队以希望。

侯总的团队管理非常混乱，他甚至就不明白团队管理的重要性，也不知道该如何管，具体表现在以下几个方面。

团队配置

1）创业之初的团队应该是有核心优势的团队，必须是“精兵强将”，能够以一当十。每个成员负责不同的模块，既有明确的分工，又互为补充，互相照应。

2）在这个团队组建中，技术模块、产品模块、UI交互设计模块有了（这是一家IT公司），却少了最重要的销售模块，就是谁来沟通客户，谁来对收入负责，等等。

3）最不严肃的是在没有考虑清楚的情况下，让一个刚毕业不久的人也加入到创业初期的核心团队中来，而且也没有明确这个员工所担当的职能是什么。后来事实证明，这个员工不但没有发挥正向作用，还在团队中起到了很消极的影响。

4）很多公司在团队创业初期是由老板来做“销售”这个工作的，很明显，案例中的侯总并不是一个销售高手，无法胜任这一职能。

5）团队成员配合要有默契，互相为对方着想，几个人的命运应该是紧紧相连的。但案例中的各个人物却“各扫门前雪”，这是典型的打工者思维。

团队规则

1）工资分配不合理。侯总制订的工资方案和入股方案可以说是一种随机的分配方法。贡献最小，最不知道能发挥什么关键作用的毕业生小枚，每月实际发放的工资最高！

2）股权分配没有激励性。其余人的入股方式、股权占比更是很随意，在没有希望、没有未来的情况下，这部分内容根本没有吸引力。尤其是他们每个月根本没有收入，股权就显得更没有意义了。

3）没有建立退出机制。其实到后来，产品经理老何和技术经理老乔，因为家庭原因已经非常想退出，但是因为没有约定退出机制，他们碍于面子，不好意思提出来。而侯总也不愿意让他们退出，毕竟两名核心人员退出就没有更合适的人做产品了！

4）很多创业的人也是这种心态，认为创业中途退出是背叛、是失败，其实不然，每个人都有自己的选择，不合适时，可以大大方方地退出，只要不违反当初约定的退出机制即可。

5）团队分工不明确。在他们一起去婚博会的时候，每个人没有明确的分工，因而到达现场后，晃晃悠悠地敷衍了事，不知道自己该干什么。

这一点跟部门经理也是有本质区别的。过去的侯明华只是个部门经理，但也是要带团队的，可部门经理只需跟团队协商好，各自负责哪块工作，公司给多少薪资即可。

- 部门经理的绩效管理，只是对工作质量有个考评而已，不会对公司的整体利润甚至生死存亡负责。
- 部门经理也需要做团队配置、定团队规则等，但是一般有公司的企业文化和人力资源部进行大方向的把控，会把这些内容都定好，部门经理只是按照这些固定模块把人安排进去即可。
- 在带领团队方面，部门经理仍有退路，不合适的人可以不用，没完成任务，可以跟公司解释，是因为暂时没找到合适的人。

老板的第三项职责：解决客户和资金两个关键性问题。

在对待这两个关键问题时，上述案例中的侯总出现了以下两个问题。

问题（1）把自己该承担的责任全部压到别人身上。

很多人以为创业时，只要技术特别强就行了，或者懂管理就好了。销售嘛，招一个特别牛的销售副总就好了，或者养一批特别牛的销售团队就够了，因此在面试的时候要求应聘者有丰富的人脉和强大的客户资源。其实再牛的销售也不过是起到一个穿针引线的作用，把准客户带到老板面前，就已经是一个合格的销售了，至于客户最终会不会签约，取决于两个因素。

（1）产品（或服务）能不能解决客户的实际问题。

上述案例中，他们整个团队拖拖拉拉，用了三个月的时间也没有开发出让客户满意的产品，甚至连产品雏形都没有。

（2）服务是否让客户舒服。

要表现出对客户的尊重、重视以及感恩。毕竟一份订单，客户给谁都可以。而对于一个小公司来说，能做到最大诚意拿到这份订单的，只有老板。这一点，是任何资深的销售都替代不了的。案例中的侯总恰巧犯了这个错误，对客户采取避而不见的态度，把一切老板应该做的事情都推给了别人。公司失败是必然的。

也有人会说，销售价格才是关键因素。价格因素虽然关键，但终究是可谈的，但是上面两个问题如果不能解决，根本就没有谈价格的机会。所以，做老板的第一项职责就是先做一个好的销售！一家成立初期的公司70%的订单都是由老板拿下的。当然，这里要注意不要犯“自以为得客户者得天下”的错误。

问题（2）：创业最可怕的是看不到希望！

很多公司都失败于资金链断裂，很多好的项目都是由于后续资金跟不上而夭折的，保障公司资金的正常运转是老板首要的职责。但是，又有人会走入一个误区，认为解决资金问题就是要拿出自己的多年积蓄来维持公司的生存。殊不知就算这样，筹集到的资金也是有限的，因为还是没有解决资金正常运转的问题。

案例中的侯总一开始从自己的积蓄中拿出了20万元，后来就再没有提供过资金。解决资金的办法有很多，除了自己出钱还可以融资、众筹、贷款等。当然这也只是找外力“输血”，更重要的是要培养自己“造血”的能力，算清楚什么时候可以有订单，什么时候可以回款，什么时候可以保证盈亏平衡，有哪几种途径可以迅速扩大销售额。并且要全面保证这些计划的实施，以实现资金流的正常运转，这个才是老板义不容辞的责任。

另外一个误区就是认为创业没钱是理所当然的。有太多创业成功的故事中有这样的桥段：老板大义凛然地跟员工说，我们已经没钱了，可能几个月发不出工资了，想走的就走吧。所有员工都慷慨激昂地选择留下来，于是他们一起度过了很长时间的艰苦日子……

案例中的侯总把这个桥段太当真了，所以他宣布发不出工资来的时候觉得心安理得。他还一厢情愿地认为所有员工都会义无反顾地跟他过苦日子。可是别人每一天都要交房租、还房贷、养孩子……侯总完全没有考虑过这些，也完全没有理解这些！

而他在做部门经理时，永远不用面临这两个问题。即使是财务经理和销售经理也不用。公司没钱了，部门经理（及所有打工者）的第一反应是跳槽；公司没有客户了，部门经理（及所有打工者）的第一反应是抱怨。

老板的第四项职责：千方百计让公司活下去。

人在现实与理想面前总是要妥协的。马云有一句名言："人，一定要有梦想，万一实现了呢！"但是还有个前提是，一定要活着，才能有实现梦想的可能。所以，在生死存亡的边缘时刻，生存才是第一要务。可以笃定地坚持理想，但是在面临生死存亡挑战的时候可以暂时妥协，可以曲线救国，可以灵活处理……只有活下去了，才有资格继续追逐理想。案例中的侯总没有明白这个问题。

核心点1：不明白生存是创业公司的第一要务。

侯总有个美好的理想，就是要生产一款完美的产品。但这款产品开发出来后，距离产生商业价值还很远，更何况这款产品并不好用。摆在眼前的是一个50万元的订单，现成的钱不去挣，美其名曰“坚持理想”，不如说是逃避问题，或许侯总根本没有能力服务好那个50万元的客户。如果真的想坚持理想，完全可以先把这个50万元的订单拿下，婚庆二维码暂时先放一放，等合同款收回来，资金也就充裕了，正好有足够的资金去更好地推广产品，这又何尝不是一种对梦想的坚持呢?

核心点2：执着，很多时候不一定是对的。

创业团队解散之后，侯总并没有反思总结，还在坚持他原来的做法。执着是必要的，坚守也是值得肯定的，但是没有总结失败原因，没有比过去有进步，一直重复着过去的老路，必然不会有什么突破性进展。

而他在做部门经理时，只要千方百计地让自己生存下去就行。让自己生存下去的方式有很多种，可以跳槽、可以兼职……这些都与公司存亡无关。

2 没有自我学习的能力和挑战困难的能力。

1）没有学习能力，根本不知道该怎样学。

老板必须得是全面发展型的人才，没有人一生下来就是十全十美的，这就要求老板必须要有极强的学习能力。没有学习机会，创造机会也要学。学习速度还要快，客人的潜能都是无穷的，只有如狼性一般的学习精神，才能在激烈的市场竞争中占得一席之地。

核心点：面对机遇，团队没有做好准备，不知道该怎样迎接机遇。

在有了优质的客户时，侯总是心慌的，他不知道该如何服务好这个客户。在公司做部门经理时他也许能应付自如，因为有很多部门可以配合他，销售部负责跟客户拉关系、市场部负责出整体方案、财务部负责核算成本……他们技术部就负责写代码。而现在的侯总是老板，没有其他部门配合，侯总还是想舒舒服服地只管写代码，其他的事情由谁去做呢？他不关心！或许也根本没想到还有那么多事情去做，或许想到了，也不知道该如何去做。

最关键的是，他可能不知道该如何跟客户打交道，既然不会就需要学，可是侯总没有，他既没有这样的学习能力，也没有学习的想法。所以只能看着机遇流失。

只做自己眼前的事情是打工者的心态。挑战自己的弱项，碰见困难迎难而上，不怕任何挫折和失败，才是老板的心态！

2）没有学习的意愿。

核心点：团队整体懈怠。

如果说不懂销售，满足不了客户的要求是他们专业方面的短板，那么他们的工作作风和态度就完全是自己的问题了。根本原因是，老板带头逃避。其实老板是害怕跟陌生人沟通的，所以他也没有底气去责怪他的团队不好好干活。而其他人正好得过且过，完全没有想过今天来推广想达成什么目标，达不成又该怎么办？更没有想过去看看其他公司是怎么做推广的，即使看明白了，他们也不愿意那样去做，因为会很辛苦，会挑战他们不熟悉的领域。所以他们根本就不想学习，整个团队就没有学习的意愿。

3）没有挑战困难和解决困难的能力。

核心点：在危机到来之时，老板压根就没有意识到，也没有能力去拯救。

在团队最终面临分崩离析，公司面临解体，各位员工面临家庭困难时，从公司到个人的困难，侯明华都无力解决，也没有想过要去解决。任何一家公司从创业到成长再到辉煌，都会面临无数次生死存亡的危机。能够活下来的企业，都是靠老板一次次克服困难、化解危机才争取下来的。

是的，这很难！但这就是老板应该承担的使命，否则就不要选择创业。

创业密码解析：创业原来是要改变自己

无论是拥有无数个精妙绝伦创意的孟小姐，还是踏实靠谱的唐龙，抑或是做职业经理人时表现出色的侯明华，都有自己的一技之长，有明显的过人之处。

在职场上，可以凭借一技之长而获得一个不错的职务，因为更多时候讲的是团队协作。前面有老板遮风挡雨，个人短板有其他的专业团队来互补，所以职场上尽可能发挥自己的强项就行了，职场中突出的是长柄效应。

创业就不同了，创业中木桶的短板效应尤为突出。每个创业者不仅要继续发挥自己的强项，更要逼迫自己接纳、尝试、甚至习惯做最不喜欢的那个自己，挑战自己最不擅长的一面。

所以在开始创业前务必考虑清楚。

- 如果你专注做事，务实内向，那么你能否突破自我变成商业交际高手？至少你不应该排斥这个。应酬倒是小事，更重要的是要有客户至上的服务意识。如侯明华，他认为自己掌握了一些先进技术就可以了，不屑于去服务客户，不愿意为客户的需求做任何妥协和让步。
- 如果你习惯了天马行空地去想创意，天生好动，奔放外向，那么接待客户这样的事情或许不发愁，但能否踏踏实实地坐在办公室做一些产品或技术细节方面的事情呢？更重要的是能否放下身段去做一些最踏实的事情？
- 如果你没有自信，习惯于逃避问题、习惯于依赖别人，那么在创业的路上宛如孤海泛舟，在一次次面对困难、面对明知不可为的事情的时候能否鼓足勇气上前一搏？

- 如果你是一个懒散自由的人，你能否接受客户一次次要求你明确时间节点？

……

在创业之前好好审视一下自己最大的性格缺陷是什么？自己最讨厌的、最不能忍受的是什么？能否接受自己变成另外一个自己？做好了这个思想准备，再投入第一笔启动资金也不迟！

/ Chapter 03 /

第三章

创业应该是个双赢的事业

第一节 事业成功不是唯一的成功

经典案例

当年的肖总在广告界绝对算是风云人物。首先他是超级大帅哥，风流倜傥、气宇轩昂。除了长得帅，当年的肖总更是才华卓越，能力出众。他毕业于北京名校，并且年轻有为，28岁就在4A广告公司担任分公司总经理的职位。

曾经，4A公司的美国老板多次表示想把他招为美国女婿，但一方面因为肖总自己的性格，另一方面也是因为他早已结婚了，家里有一位漂亮的妻子——芳华，因此他拒绝了美国老板。能配得上肖总的女人当然是一等一出挑的美女，不光容貌好看，家世也相当了得。两个人是大学时候认识的，毕业之后就顺理成章领证了，在外人看来这是郎才女貌的一对组合。然而，肖总的自负、芳华的冷傲使得两个人的感情危机四伏。但最终让两人关系破裂的是肖总的创业！

虽然已经做到了分公司总经理的位子上，可肖总还是不甘心屈居人下，所以肖总利用自己资源和职位上的便利，开始谋划自己创业。他的创业极其简单，也极其顺利：他一边在职，一边又以自己的名义开了一家相同业务的广告公司。当公司有客户的时候，他就以更低的价格把这些客户推荐到自己的公司里……

一来二去，客户渐渐多了起来，肖总乐坏了，一边公司给开着工资，一边自己的公司挣着利润……

要想人前显贵，就得人后受罪！肖总挣着双份钱虽然风光，但是也得操两份的心，要经常出差，简直成了“空中飞人”。对他自己来说，他就是个救火队员，哪边的客户也不敢得罪，哪边的事情也不敢耽误。所以他每次在家住的时间比酒店还短。加上他认为自己劳苦功高，经济有保障，在家的时候总是对妻子吆五喝六的，累的时候也会抱怨妻子不够贤惠。

他的妻子当然气不过，本来就对他整天不着家意见极大，肖总还摆出一副得理不饶人的架势，吵架是在所难免的了。肖总越累，回家就越不爱说话，即使是说话也对妻子各种挑剔，嫌她不够贤淑、不会照顾家……肖总越是这个态度，妻子就越怀疑他是变心了。妻子越怀疑肖总，他就越觉得这个女人不可理喻。

事态不断扩大，吵架不断升级！但这个时候，妻子怀孕了。

虽说两个人经常吵架，但毕竟还是有十多年感情的，妻子在这个时候选择怀孕，还是愿意维护这段婚姻的，并且她也认为有了孩子可能会让肖总收心。

肖总可不这么认为，妻子怀孕他也高兴，只不过他认为，女人怀孕天经地义。至于怀孕了需要人照顾，也是理所应当的，于是肖总把自己的母亲和岳母全都请到北京来照顾妻子，还给妻子请了一个小时工。两个妈妈再加上一个保姆，他认为这种星级待遇算不错了。安排好这些之后，肖总又心安理得地到处出差去了，还是整天不着家的节奏。

可这不是妻子想要的！妻子想要的是丈夫的爱，想要的是丈夫对自己的关心和关注，而这些是双方父母给不了的，更是保姆给不了的。妻子也试图跟肖总谈这个问题，但在肖总看来就是矫情。肖总认为，自己这么辛苦给家里挣钱是为了谁，妻子怎么就不能理解自己。

两个人依然在争吵，妻子越来越绝望。让妻子最绝望的是，在自己分娩的时候，肖总依然在出差！一个女人在一生中最脆弱的时候，自己最亲最想依赖的人却没有在身边，这个男人在她的生命中也就不重要了。

他们有了一个可爱的女儿，家里多了一个小生命一下子乱套了，可这并没有减少肖总出差的次数，他依然认为，家里有两个老人和一个保姆照顾足够了。

而此时，肖总玩火自焚，他自己开的公司出事了！美国老板发现了他自己开公司的事情，非常生气！勒令他马上关停自己的公司，并且赔偿美国公司的一切损失，肖总当然是据理力争，希望把损失降到最低。一时间，肖总跌到了人生谷底，一大堆棘手的事情等着他处理，他烦透了。

而他每次回到家，面对的就是妻子的指责，继而升级为又一次的争吵！

家里家外一团糟，肖总整个人都觉得不胜其烦，提出了离婚。为了避免妻子的纠缠，也为了弥补自己做父亲的一点愧疚，他选择净身出户。

终于，这个世界清静了！

肖总重新找了一份稳定的工作，回归到了一个普通人的生活。只是他经常会想孩子，他终于想起来他还要承担一个父亲的责任。

几年以后，每当跟别人提起这件事，他总是会说："当年创业，我前妻生孩子的时候我都没在身边……"

创业
心经

失败的主要原因总结：

1 **游走在法律边缘，没有重视行业道德。**

不管是自己创业还是在公司当普通职员，都应该尊重行业规则，重视行业道德。案例中提到的肖总，最大的问题就是在创立自己的公司后依然在原公司任职并且将原公司的客户以低价介绍到自己公司。一方面存在价格战的问题，用低于市场价的方式来破坏行业规则；另一方面存在道德问题，既然准备创立自己的公司，就应该辞职离开原公司，真心投入到一份工作中。这两个基本问题没有得到规避，就必然会失败。

2 **性格中存在大男子主义的问题。**

在新时代，仍然有很多男性认为女性生孩子是天经地义的。的确，以前在男性为主要生产力的年代，女性的主要职责可能是相夫教子，但当今社会，女性承担的社会责任、家庭责任一点不比男性少，甚至很多女性承担的家庭经济责任远大于男性。在这种情况下，女性还要生养孩子，履行母亲这一神圣职责，使得她们身上的担子更重，男人们应尽最大的能力替女性分担一些家庭责任。这样家庭生活才会幸福美好许多。

3 没有平衡好工作和家庭的关系。

一个人的成功应该是事业和家庭的双份成功，而不应该是在牺牲家庭或者亲情的基础上来获得事业上的成功。很多男性认为在事业上成功就是在给家人安全感，实际上很多女性更关注的是自己的另一半有没有在家庭生活中付出过。也许男性容易在拼搏的过程中忽略自己的另一半，总是忙着奔跑在路上，这反而会把最重要的人给丢了！

第二节
创业不是一个人的事

经典
案例

如果说侯跃文创业的时候没有想明白为什么创业，那么产品经理老何在跟随他的时候是想得清清楚楚的，他就是想一直跟随自己的老领导，或者干脆说是为了哥们义气。但是老何为了他的哥们义气，为了他的血气方刚，没有考虑家里的实际情况，更没有考虑妻子的感受。他或许也想通过创业改善家里的情况，但事实却是深深地伤害了家人。

在老何辞职准备创业的时候，妻子已经身怀六甲。妻子心里其实是很不踏实的，但是她还是毅然决然地支持老何，理由是：她不想以后老何想起这事来后悔！

对于妻子的深明大义，老何没有体会到，所以也没有感激，只是认为这是理所当然的。

在创业初期，老何的妻子也是满腔热血支持的，所以才会挺着8个月的大肚子去给他们拉客户，可惜侯总没有抓住机会，到手的客户弄丢了……对于这样的结局，老何的妻子是失望，但老何却是迁怒，他甚至认为妻子不应该干涉他们公司的事情。其实表面上看是迁怒，但从根本上来说是老何的“死要面子”和逃避问题。

但老何真正开始伤害妻子是在妻子生下孩子的第10天，她那个时候因为急性乳腺炎高烧38度，老何却在侯总的带领下连夜讨论产品方向、产品规划……妻子一遍遍地打电话，老何一次次地说马上就回去，但直到第二天才回家。

因为没有及时去医院，妻子留下了严重的后遗症。对此，老何没有愧疚，侯总更没有愧疚。不知道当一个坐月子的女人一次次给自己丈夫打电话催促回家的时候，正在谈规划的侯总是什么心情。漠视、无关紧要、抑或是干脆都不知道？一个老板若真的冷漠成这样，可能公司也没有什么未来吧。

老何的妻子刚出月子，公司就宣布不发工资了，全家还要还房贷、车贷等各种各样的贷款，老何妻子感到前所未有的恐慌。然而，她却不知道自己的丈夫是怎样想的。她一开始尝试温柔地问老何："老公，你说我这刚生完孩子，你又没了收入，咱们该怎么办啊？"

"不知道！不想讨论这个问题……"然后就是沉默！

后来，她沉不住气了，开始一次次地跟老何商量："要不别跟侯总干了，你赶紧再找个其他的工作吧！以你的资历，随便找个工作，年薪都可以在20万元以上。"

"哪那么容易，现在工作不好找，这事回头再说吧！"老何又是回避！

以为真的是工作不好找，老何的妻子又委托了猎头给帮忙，很快就有好几个猎头给老何打电话，想高薪挖他。没想到老何却怒了："我告诉你，别以妇人之见来插手我们的事情！除了是同事关系，我们还是朋友，我不可能离开侯总！"老何非常生气地说。

"那我们怎么办？我们吃什么？喝什么？"老何妻子也恼了。

"我们公司很快就会挣到钱的！"

“你们公司连送上门的客户都服务不了，你们还能搞定谁？你们公司这辈子都不可能挣到一分钱！”

“挣不到钱我也跟定侯总了，我就不辞职！”

“在你心中，老婆和孩子比不上一个侯跃文是吧？好，你跟你的好兄弟过去吧！”

……….

这样的吵架不是一次两次，一直持续了两个多月，每次都是这个话题，而且老何的态度非常强硬，坚决不辞职！

老何的妻子感到无助、绝望，更多的是想不通，在家庭如此困难的情况下，为什么自己的丈夫宁可抛妻弃子也不放弃领导，仍然乐意这么毫无希望地创业。

老何的妻子在最无助的时候也帮助过侯总，从一开始的积极为他们争取客户，到后来上阵干活，亲自给他们讲拿下大客户的技巧……但这些都是徒劳的，因为他们根本就是在以打工者的心态创业，都是一副事不关己的心态。

在最绝望的时候，老何的妻子又一次找到侯总，她已经记不清在谈些什么了，她只记得整个主题都是在谈：“求求你，放过我们家老何吧！求求你，劝我们家老何离职吧……”一个要强的女人，第一次这样求人！

她不知道她的哀求起到作用了没有，也不知道侯总有没有按照他答应的去做，反正老何回到家还是之前的状态，反正家里还是没有收入。

也许是运气比较好，也许真是生活所迫，老何的妻子生完孩子刚刚40多天就经朋友介绍去一家公司上班了。产后40天就得上班赚钱养家，老何妻子觉得很委屈。

由于在月子里没调养好，加上那次发高烧，而且生产后这么快就上班，体力透支严重，后来被检查出来有非常严重的产后炎症，必须住院治疗，并且要长期调养。住院之前，老何妻子最后一次约了侯总：“你不是答应劝我们家老何离职吗？为什么到现在他还是不肯走？”

“那你得问你家老何了，我哪知道？”侯总竟然有点无赖了。

“我们家的情况你不知道吗？你想把我们逼到什么份上？”

“我知道……可是，我这不是觉得你上班了，你们家经济问题不就解决了吗？”

“你让我一个刚生完孩子不到两个月的女人来养这一大家子？你有没有替别人考虑过……”这一次她真的发飙了，只是她没有告诉侯总自己马上再次住院的事。

“好，我劝老何辞职。其实，我在家也跟孙子似的。”这是老侯临走前说的最后一句话。

回去后，老何妻子就住院了，情况比较严重。老何在医院安心地照顾了妻子十几天。两个人之间说话总是很客气，很小心，好像隔着什么东西似的，一不小心就会碰到彼此的痛处！

在妻子住院期间，侯总给老何发了一条短信：“你找个工作吧！”

老何回了一个字：“好。”

妻子出院之后，已经有新的单位向老何抛出橄榄枝了。

很多时候，分开就是这么简单。只是谁都不愿意先说破。或许当侯总说出分开的时候，老何的心里也是无比轻松的吧。

虽然他们的生活又回到了原来的轨迹，但大家的心里都好像隔了什么东西似的！在他们以后的生活里，老何和妻子对这次创业都只字不提，甚至偶尔和朋友提到创业这些敏感的字眼时，都会避而不谈，可见伤害有多深。

[创业
心经]

失败的主要原因总结：没有客观认真地分析形势，过于讲义气。

不管是自己创业，还是跟随创业者联合创业，都应该事先分析形势，认清现状，不能仅靠一时冲动，或者碍于情面去做决定。而且，在适当的时候应该多跟家人商量。在上述事例中可以看到不管是老何还是肖总，都存在一定程度的问题。

- 肖总喜欢享受自己工作中的成就感，但是不可一世，最终导致失败。
- 老何在逃避自己工作中的挫败感，并且没有很好地与自己亲近的人沟通，导致伤害了自己最亲的人！
- 创业是两个人的事情，喜悦要跟家人一起分享，因为这不是一个人的荣耀，挫折也应该与家人诉说，毕竟你的无助有另外一个人帮你一起承担。

第三节
创业中的苦行僧

经典案例

老马是个挺憨厚的人，和几个人做水产批发业务挣了点小钱，后来做成了小商贸公司，整体经营还不错。但是，在处理创业和家庭关系的时候，老马却把日子过成了苦行僧，苦了自己，也苦了家人！

众所周知，创业是艰苦的，是要付出辛劳的，老马谨记这一条。

自从创业之后，老马在周末就没有休息过，偶尔休一次，也偷偷摸摸跟做贼似的。妻子对此意见很大，可他却总是理直气壮地说："我这是创业呢！哪有创业还周末休息的？你不知道创业是艰苦的吗？好啦，你有什么事我赶紧给你办，办完我还得去公司呢，别人都在公司，我不去不好！"

其实很多时候，周末在公司并没有什么事情，但他就觉得自己不应该休息。甚至有一次在过年的时候，他大年三十才回家，大年初二就又回公司了。理由是他在家里不踏实，有很大的罪恶感，整天吃吃喝喝什么也不干，这不是创业人该有的状态。可笑的是，他大年初二回公司上班时，公司里什么事情也没有，他就一直在办公室里守着，一直守到了大年初七大家都回来上班。

如果光周末不休息也就算了，老马还绝对做到了艰苦创业、勤俭节约。自从创业之后，老马就再没有去外面的饭店吃过饭，偶尔妻子想外出吃饭了，他也总会说："你不知道我在创业吗？创业是艰苦的！哪能这样乱花钱呢？这样让别人知道了多不好！"

更别说什么周末游、国内游、国外游了，每当妻子想出去度假，老马就会说："自己辛辛苦苦挣的钱，都出去旅游了？不去不去！"

妻子想买个名牌包、买块手表，更是被老马一概拦下，还是那一套理论："我们创业呢，你这样张扬多不好，被公司的合伙人看见了多不好！"要知道，他妻子自己也上班，一个月也有不少收入，给自己买名牌也是花自己的工资，到老马口中却被说成了奢侈浪费。

类似的例子还有很多，老马妻子觉得很委屈，这创的什么业啊？创业又是为了什么呢？把日子过成这样，这创业值不值呢？

创业心经

上述案例中的主人公的问题，表面上看起来是思想的问题，有点保守转不过弯来，但根本问题是他没有把事业和生活区分开，认为创业就是生活的全部。其实解决这个问题很简单，跟股东、跟家人、也跟自己做个明确的约定即可。

1 **时间上：明确好什么时间是工作时间，什么时间是休息时间。**

创业过程中的加班是不可避免的，我们可以为自己的事业付出更多的时间和精力，但是也务必匀出一些固定的时间陪伴家人和孩子，否则辛苦创业又是为了什么呢？现在，很多人并不是不会干活，而是不会休息！

2 金钱上：明确划分哪些是公司的钱，哪些是自己的钱。

老马不敢消费，无非就是怕别人误解他动用了公司的钱。其实明确做出约定，比如自己给公司投了多少钱，每月应拿多少工资，年底应拿多少利润，直接公平公正地约定出来即可。只要账目清晰、分配原则明确，大家就不会有疑虑。

这种错误，更容易出现在自己创业做公司的情况下，如果公司经营得不好，投入的钱财将会永无止境；如果公司经营状况良好，则可能是纸上富贵，细细盘算下来没有多少利润，非常不利于公司的发展壮大。

创业密码解析：创业与家庭的平衡

其实很多人在创业时会给另一半撒一个最大的谎言：为了给你更好的生活，我们要过一段苦日子，我不能好好照顾你了，为了咱们的将来，我要去创业了。有一种“待我半生戎马，许你家国天下”的豪迈和悲壮。

于是，在这种悲壮和决绝的外衣下，创业的英雄们就肆无忌惮地忽略、漠视自己的家人，在创业的路上不断地透支自己的财力、时间、情感乃至身体，甚至觉得在创业时期如果对家人关注多了反倒有一种罪恶感，好像创业分心了，不够专注了，万一创业不成了就是因为付出的不够多。

这个美丽的决绝听起来挺感人，但是在商业帝国里大家都是会看统计学的，除了夫妻一起创业的，有多少人在创业的路上走着走着就散了？爱情的誓言早就被创业的残酷折磨得千疮百孔。

家人的奉献和付出是为了收获更温馨的家、更甜蜜的爱、更抓得住的幸福。可事实却相反，往往是家人奉献了，另一半要么觉得理直气壮，这些都是应该的，毕竟自己是在创业，因而完全忽略家人；要么就是创业者自己愧疚心太重，认为家人都这么奉献了，自己更得好好干、努力工作，于是也就与家人渐行渐远。慢慢地就会产生裂痕，逐渐演变成误解，直至最后分道扬镳。

创业路上，忙，不一定会成功，避开这里提到的几个坑是关键点。

创业路上，再忙也不要忘了你的初心是什么。

创业路上，不成功也会有回头路，既然家人当初支持创业，那么失败了他们一定也会坦然接纳。

但创业路上，如果走着走着把自己心爱的人走丢了，就再也没有回头路了。即使此时你已创业成功，但赢得了天下却丢了家，是你想要的结果吗？

/ Chapter 04 /

第四章

创业的希望

第一节
创业的另一种成功

若人生如舞蹈，那谁的创业之路会一舞倾城？女人都是爱美的，对女性的最高礼赞莫过于“圣洁”“美丽”这样的词了。三个同样圣洁、美丽的灵魂如果走到一起，共同在人生的舞台上跳一支生命礼赞，将是何等夺目？更何况这场生命礼赞之舞还可以帮助到更多贫瘠的灵魂。如此美好的愿望，在创业之路上同样经历了一定的坎坷。

经典案例

这个创业的初衷源于萧然发现了一个舞蹈的秘密：舞蹈不仅可以给人带来美的享受、视觉的盛宴，更可以进行心灵的疗愈。跳舞者真正融入其中之后，不管舞技如何都可以获得益处，身处困境者可以排解忧虑、悲伤者可以舒缓情绪、奋斗者可以找到自信并突破自我……而这些理论又得到了心理学专家殷素素的一些理论印证和实践检验：优美的舞蹈和枯燥的心理学结合，能迸发出新的能量。从舞蹈的渊源上来说，也是颇有道理的，舞蹈本就起源于祭祀活动和劳动，是人类肢体语言的重要表达，包含了浓浓的情感寄托。

萧然和殷素素是这一舞蹈奥妙的探索者、实践者，更是受益者，她们用这个“舞蹈心理疗愈”的方式帮助了很多人，大家都受益良多，韩萍就是其中之一。如此好的项目应该让更多人受益，而在当今社会下，大家普遍压力极大，亚健康人群极多，因而市场前景广阔。创业的火种就这样在她们的内心点燃了，一场创业的生命之舞在三个女人的足尖下拉开了序幕。

然而创业之前，她们和很多普通职业经理人一样，只是多了那么一点点才华、骄傲和不安分。

这三个女人是多年好友，在各自的岗位上都有着自己的“一席之地”，是当之无愧的职场佼佼者，有资源、有人脉、有魄力，她们一路披荆斩棘拿下过多个重要项目，她们过关斩将帮公司渡过一个又一个难关。她们是公认的职场精英，和很多职场精英一样，她们无数次抱怨过、不平衡过、畅想过：“切，老板都没我专业，我拥有专业、人脉和拼搏精神。我这么靠谱的人，要自己想干点事，那没有不成的道理……”

“整天窝在这个公司里，每天都有写不完的报表、应付不完的领导，还有一大堆反人性的规章制度。与其屈居在别人屋檐下，不如自己去创业办公司！”

“给别人打工真不如给自己干。为何不能打造一个属于自己的天下呢！”

当时正赶上互联网投资的热潮，看着身边的初创者凭着一份PPT就能拿下天使投资，三个人终于躁动了，觉得时机到了，更何况殷素素发现的“舞蹈生命密码”非常新颖并且实实在在地帮助了那么多人，得到了一致的好评和认可，总比那些仅有一个想法就攒几页PPT的创业者要靠谱吧?

如果说她们发现的这个项目市场前景广阔，是创业势在必行的基本要素，那么这三位才女本身的职业经历和专业背景更让人觉得这个创业组合没有不成功的道理。她们自己认为投资人一定会蜂拥而上，给出一个天价估值的。

资深媒体人萧然是一个不甘心、不服输的职场高管，有“统领天下”的气魄。她是职业经理人、媒体人，有多年的品牌营销经验和媒体传播技巧，有把握用三年的时间就打造出一个自己独有的品牌。她的悟性极高，且善于钻研。她想创业是因为不甘心，她认为凭她的能力完全可以改变世界。

心理咨询大师殷素素是一个专业性极高，在心理治疗领域小有名气的人士。无论是什么阶层的人，每次跟她聊过之后都有豁然开朗的感觉。她挽救了无数濒临破碎的家庭、她帮助过很多自暴自弃的问题儿童、她辅助过很多职场小白一路升迁走上高管职位……她想有更大的突破。她的理想是成为业界知名的心理咨询大师。

王牌销售精英韩萍仅凭一人之力就撑起了公司60%的业绩，但凡搞不定的客户，只要她出马立刻就能拿下，典型的“有订单者有天下”。她所向披靡，雷厉风行，为人又极其仗义和友善。一时间在他们集团各子公司间有“得韩萍者得天下”的盛誉，各子公司总经理为了争夺韩萍而纷纷使出浑身解数，然而韩萍最终选择了创业。

萧然是殷素素最忠诚的“病人”，两人共同发现了舞蹈的生命密码，共同开发了“舞蹈心理疗愈”这个项目。韩萍是这个项目的受益者，经过一次体验便十分信服，她更折服于另外两位姐姐的人格魅力和才华，对这个项目非常有信心。

开始创业的时候，她们靠的都是自有资金，每人凑了几万块钱，租了一个17平方米的场地，就开始办公和营业了。虽说都是职场精英，然而在北京高额的生活成本压力下，她们几个外地姑娘每人能拿出来几万块钱存款进行创业已经算是豪迈了，她们都有家有孩子，不可能卖房子来孤注一掷。所以，她们的创业启动资金根本不够在北京租一个像样的场地。她们在一个拥挤的破旧写字楼租了一间17平方米的房子，既作为办公室，又作为舞蹈心理疗愈接待室，她们有着很多人最朴实的梦想，先摆小摊，然后攒钱、然后开正规店面、然后开连锁公司……

然而含金量如此高的项目，就因为一个破旧的办公场所让好多客人怀疑了：这里没有宽敞明亮的舞蹈教室、没有漂亮醒目的门面、没有心理咨询室的静谧舒适、更没有漂亮的前台接待……

这是个什么地方？值得信任吗？有专业资质吗？所以她们的收费很亲民。

即使这样，凭借着萧然强大的营销功底，凭借着韩萍强大的销售能力和人脉，她们依然做到了门庭若市，客人每天从早上9:00到晚上9:00不间断，每个客人的咨询疗愈时间为1小时。90%以上的客人都反馈极佳，特别认同这个方式。

不仅如此，凭借着韩萍强大的销售人脉，她们还承接了“中国某工会”“北京某某大集团”“中国某一流网站员工内训”等几个大客户项目，并且得到一致好评和高度认可。然而她们不敢让这些客人来公司考察，她们最怕人家跟她们要各种资质和公司背景……

她们甚至吸引了中央电视台和北京电视台创业栏目的关注，却因为简陋的场地和不齐全的资质而主动拒绝了，她们也知道自己眼下的场地和背景拿不出手。

也许很多人觉得不合常理：既然每天有那么多客户了，而且还有很多大客户撑着，完全可以慢慢地积累资金，一点点做起来啊，但算笔账就清楚了。

每个客户咨询1小时，一天从早9:00到晚9:00是12个小时，除了吃饭和休息时间，一天最多只能接待10个客人，12个小时的高度脑力劳动和工作强度，已经让咨询老师累趴了。每位客人的咨询费是158元，减去推广平台20%的抽成，获得的咨询净收入是126元，10个客人*126元/

人=1260元/天。1260元/天*30天=37 800元。一个月的收入大约是3.7万元。

然而，减掉房租费1万元，减掉心理学教具、舞蹈教具、午餐费、交通费、水电费、通信费、打印复印费等损耗5000元，减掉其他不可预估的支出3000元，只剩1.9万元。三个人一共获得的净收入是1.9万元。

然而，韩萍是销售，整天在外面跑渠道和大客户、拉投资等，不能做老师咨询，没有产出；萧然每天维护各团购平台、推广平台、网站和微信等已经耗费一大半精力，剩余精力会做做大客户，了解一下客户资料，整理客户档案，做一个大客户的收入是3000 ~ 5000元，一个月两个大客户就是7000元左右的收入。每月净收入1.9万元+0.7万元=2.6万元！听起来还不错，然而，这是3个人共同创造的利润，平均下来，每个人每月的收入大约是8600元。

每人每天工作12个小时，还没有时间喝水上厕所、没有周六日，如此高强度的工作，每月只收入8000多元，在北京这样的一线大都市这样的收入还是远远不够的！更何况，这样的劳动强度没人受得了。

好多创业者会忘了算这笔账，其实这个账很快就能算明白。做个如此专业的咨询才126元，当年找一个好的家教也要100元……然而很多人却在拥有一腔创业热情的时候忘了这一点。

也许她们的定价略低，但如果改成600元/人的咨询费，那这种简陋的环境还能门庭若市吗？如果将场地装修升级，相应地又会有高额的成本。靠自有资金的杯水车薪肯定是不行的。

以萧然的格局和韩萍的人脉，找来几个牛一点的投资人倒是不难，她们也知道应该借助外力来壮大公司。可见过投资人之后，她们发现与想象的完全不同。

“你们现在的盈利没什么用，我们要看数据、看增长！”

“我们看商业模式，要快速复制，能够快速做大！”

“你们的项目没有未来啊！我们不要那种靠利润增长的公司，利润的想象空间是有限的，我们要的是5倍、50倍、500倍的回报空间……”

“所以你们必须讲一个让投资人感兴趣的故事。”

“而不是现在赚了几毛钱、有了几个客户好评就行，那仅仅是个小生意，不是个项目！”

“有没有竞争壁垒？如果要做，一定要先把竞争对手扼死！”

“回去改BP（商业计划书）吧！”

“改BP吧，要能讲出故事来！”

“改BP吧……”

韩萍还在努力地找伯乐，萧然却坚决地按下了暂停键。尽管这时候已经有两个投资人答应给她100万元的天使投资，但前提是要“改BP，要讲出故事来，不要把精力总耗费在几个客户身上”。

萧然不能理解，更不能接受这种方式。难道踏踏实实地服务好客户不是所有生意的根本吗？难道一个健康的商业模式不应该是有良好的利润和口碑吗？讲一个美好的、有想象空间的故事容易，忽悠到下一个投资人也不难，可最后一个接盘侠是谁？投资人要求项目迅速做大做强，要扼杀竞争对手，不顾利润、不顾客户体验，只要疯狂快速地成长，如果迅速豢养大一只怪兽，就可以垄断一方了么？

萧然不接受这种情。她从来没有为了某个投资者的个人喜好改过一次BP，这不是萧然的价值观。但是，靠她们三个的自有资金去做这个事情却有点力不从心，而且付出和收入不成正比。

她们三个都有生活、有家庭，萧然和殷素素还有孩子，韩萍也在备孕中。仔细想想，她们当时创业的初衷不就是想做一份“轻松、稳定、收入高”的事业吗？她们希望通过自己的能力获得较高的收入，从而能抽出更多的时间来好好陪家人和孩子。

而眼下的两条路，好像都离她们的初心越来越远……

于是，这次创业就这样默默地收场了。三个优秀的女人回归家庭、回归自己的原本职业角色。而此次创业经历，也让她们收获了持续一生的宝贵友谊！

创业心经

失败的主要原因总结：及时止损也是一种勇气。

其实后来想想，如果萧然坚持下去，无外乎就是下面三种结局。

结局一：继续在17平方米的小房间里坚守，每月拿着不太优厚的收入，一天工作12小时、全年无休地工作。创业者都是在激情澎湃和小有起色的成就之后走上了这条路，他们过着超级辛苦的日子，照顾不了家庭，没有了生活，牺牲了健康。但他们仍在坚守，美其名曰：我在创业，创业前期哪有不艰苦的！而后在没有希望、没有突破口、没有增长点的黑暗日子里苦苦坚守，有的甚至越陷越深，直至负债累累。

其实，只要做一道简单的算术题，即可看清自己的创业前路。很多时候，并不是这道数学题不会算，而是创业者们不肯面对现实。

结局二：接受了投资人100万元的天使投资，享受创业初期的意气风发和短暂的成功喜悦。100万元的天使投资其实也是杯水车薪，租个好的办公区和门面位置，少则三个月，多则半年，也会将投资者的钱消耗得差不多。因为她们不擅长讲故事，也不想讲故事，拿到B轮、C轮融资比较困难。或者因此会跟投资人意见不合而分道扬镳。

结局三：她们讲好了故事，和某一两个创业传奇人物一样，成了业界传奇，但三个人不一定能成为千万富翁，过上她们想要的生活。而且，业界传奇是凤毛麟角，倒下的创业者比比皆是。以这两年最火的共享经济为例，两年的混战之后，真正的成功者屈指可数。

这个概率基本类似于中彩票了。萧然她们三个相信努力奋斗、相信积少成多，但都不相信彩票和赌博。就算她们信了，就算她们这一次成功了，这也不是她们三个想要的结局，至少不是她们的初心。因为当初她们的创业初心是：凭借自己的能力，做一份自己喜欢的事业，安安稳稳地有一份不错的收入，能给孩子一个更好的未来，能有时间多陪陪家人。她们不指望成为行业大鳄，不指望住大别墅，不期待拥有十几辆限量版豪车，她们只希望有个还不错的住处就好，有一个还算说得过去的代步车即可，最重要的是能有时间多陪陪家人，多享受享受生活。

相信这个简单朴素的梦想也是大多数人创业之初的梦想，而这个朴实的梦想真的不一定非要通过创业去实现。

后来，她们都挺好，人生之舞，皆可绽放。因为本身都优秀肯干，又有一定的专业技能，她们很快又在职场中找到了自己的位置，只是这一次，她们的心没有那么浮躁了。

萧然就职于某大型传媒公司任职高管，职位比以前有了提升，她凭借出色的个人能力很快在行业内小有名气，深得公司老板的信任。最重要的是，她平和了很多，有一颗感恩之心。她说，这一切都是因为她曾是舞蹈与心灵疗愈的受益者。同样，作为发明者，工作之余，她会用这个方法默默地帮助其他人，从不收费，只为让他们过得更好，而她自己也能从中得到能量，也或许就是对她这段创业经历最好的铭记和怀念吧。

殷素素回到了她的家乡石家庄，她发挥自己的强项很快又成了当地一个小有名气的心理医生。加上“舞蹈心灵疗愈”这个项目非常有特色，客人络绎不绝。她帮助了很多问题儿童、挽救了很多濒临破碎的家庭，当然她是收费的，因为她是专职做这行的。更值得欣慰的是，她很快成立了自己的咨询公司，法人一栏赫然写着“殷素素”，另外两个姐妹都替她高兴。美中不足的是，因为不擅长营销，没有强大的人脉资源，她的客人都是口口相传得来的，公司很难做大。

但是“这就够啦，客人太多了，我一个人也忙不过来，在石家庄一个月一万多元的收入很不错啦。关键还不耽误我照顾两个孩子，我终于做到事业家庭两不耽误啦”，殷素素对现状非常满意。

韩萍的人生也很丰富，除了生了一个可爱的宝宝，本来就非常优秀的她实现了自己职业上的转型。王牌销售是很厉害，但是作为一个妈妈再承担销售的压力也不是长久之计。她成功转型甲方，既收获了“舞蹈心灵疗愈”带给她的睿智和平和，又吸取了萧然在职场上的管理精华，整个人在职场上做得风声水起，深得领导重用。用萧然的话说：“你现在进步很大哦，走到哪里都是出场自带背景音乐的！”

问她有什么心愿没，韩萍还是有一丝不甘心，她说“我还是希望能有一个真正懂的投资人，能够认认真真地把‘舞蹈心灵疗愈’发扬光大，这是一个好项目，希望能有更多人受益！”

三个人时常也会小聚一下，她们认为因此而成就了一生的友谊比什么都重要，然而最让她们感到欣慰的是，每个人都有那么三两个创业时留下来的忠诚粉丝，希望时不时地能再接受“舞蹈心灵疗愈”，有的已经结婚生子，有的远去了国外，有的介绍朋友爸妈来……公司虽然不在了，但她们愿意提前付费接受疗愈。而这些人的认同、追随，她们认为是创业留下的最宝贵的财富，无论多忙，都会抽出时间帮助她们，费用从来不变，还是158元。

第二节
创业成功路上的指明灯

创业很难，但这并不意味着每个人创业都会失败。从失败中总结经验，才是成功的关键点。这里也想给正在创业或准备创业的人一些激励，分享一个成功的案例。

▼“齐天大剩”，活下来才能成功

东易日盛可以说是一家成功企业了，但东易日盛的董事长却把自己定义为“齐天大剩”。东易日盛的成功是名副其实的：中国家装第一股（A股上市），家装行业龙头20多年，高新技术企业，几乎囊括了家装领域和设计领域的所有奖项。

这样一家企业，大家可能会认为，老板一定意气风发、高喊着要统领市场；高管们出入各大精英场所、融资峰会讲述着东易日盛改变世界的神话……

然而，事实并不是这样的！

有记者在采访陈辉董事长成功经验的时候，低调儒雅的陈董事长半认真又半自嘲地说道：20年来，我们从未打败过一个家装公司，活下来，就是成功。我们终于成了齐天大“剩”……

在2018年盛大的家装行业T20峰会上，陈董事长领衔担纲的主论坛话题就是：“谁能成为‘齐天大剩’”，这一话题引起了行业的一致共鸣。

“面对不断涌现的新竞争对手，您不担心吗？”记者问。

“我当然担心了，家装是超低频消费，客户是有限的，每5～10年才装修一次，他们被劣质公司抢走，有了一次非常糟糕的体验，他再后悔也不可能重装啊，这个客户就损失了。”

“那么面对他们来势汹汹的竞争，您是怎么应对的？有什么反击策略没？”

“我们只能把产品做得更好，把服务做得更好。我们不是营销型公司，这个不擅长。我们只能潜心研究产品，提升服务。所以我说，我们从未打败过一个家装公司，但是我们耗死了很多家装公司！”

“能谈谈那些家装公司是怎么被耗死的吗？”

“我总结了他们4+1式的疯狂自杀式打法：1. 疯狂开店扩张；（典型的互联网思维之一，快速上规模，迅速做大做强。）2. 疯狂地搞低价促销；（互联网思维之二，用远低于成本的价格进行销售，疯狂补贴。很多人一开始只担心用如此低的价格做促销，会给客户极其糟糕的装修质量，但事实比这个糟糕得多，在2018年的家装倒闭潮中，很多装修公司干脆纷纷倒闭卷钱跑路了。很多客户交了钱却没有装修完，甚至干脆就没有开工。）3. 疯狂投广告；（拿投资人的钱疯狂地砸广告，迅速做大知名度，以便继续拿下一轮融资。）4. 疯狂给销售人员激励；（导致出现混乱的管理、腐败的滋生、各种假合同假数据等问题，销售人员为了拿到激励给客户胡乱承诺，拿完激励就走人，导致客户被骗。）而1就是给售楼、物业、中介返利，个别楼盘都成烂尾楼了还在给装修返利。当然这种情况仅出现在极个别的公司中。很幸运，这4+1自杀式打法我们一个都没采用。”陈董事长谦和地笑着，说这些的时候没有自豪、没有沾沾自喜，有的只是一如既往的平和、谦逊。

在互联网思维红极一时的时候，相信也有很多咨询公司、职业经理人、成功人士、专家都跟陈董事长建议过运用互联网思维，他之所以能坚持住走了正确的路，不仅仅是因为他的自信、平和，更重要的是他能不忘初心，一直坚持最本心的东西——客户价值第一，用心传递爱心。客户的事就是最重要的事，有爱心的产品才是有温度的产品。

“那在他们做4+1自杀式打法的时候，您在做什么呢？”

“研究产品、解决客户痛点、优化企业管理，基本就是这三件事情”，二十多年来，东易日盛一直在坚持做这些。

很多产品都是以这三点为原则来进行设计的，比如下面这些细节。

细节一：

坐在马桶上，手边就有个高度和角度都合适的开放格子，可以很方便地放手机、杂志、手纸等，关键这个台子还是圆角的，不会磕到或伤到人。一伸手，马桶后面恰到好处的地方有个插座，一来方便手机充电，二来，如果用的是智能马桶盖，有预留插座很方便。多留一个插座出来，对于公司来说并不会多赚到多少，多一个方便的放手机格子也没有多少利润，可东易日盛就把这种人性化的设计做到了极致。

细节二：

门厅柜设计了放包的位置、换鞋的位置、挂领带和丝巾的挂钩……每一处细节没有多少年的积淀是无法做到的。此外，内门的隔音设计、门边3.5度角的倾斜切割是为了能有更好的密闭性……这些细节消费者看不到，只有真正用起来才能感受到。

▼不忘初心，方得始终

“能谈谈20年来您的创业故事吗？都经历过哪些大风大浪？”这是很

多记者最爱问的问题，他们都期待从陈董事长这里挖到一些扣人心弦的故事，然后谱写一篇荡气回肠的创业史。

“也没什么好讲的，我原来是做建筑设计的，然后1997年就开始自己干，”陈董事长每每回答这个问题的时候都是这两句话。“我觉得这一路都还挺好的，老讲过去那些也没什么意思，关键真没什么好讲的，我这个人更喜欢往前看，你看现在的信息化、数字化、DIM系统……”

熟悉陈辉的人都知道，从创业第一天起，陈董事长就对客户家的每一个设计细节精益求精，这是他最关注的地方。在快速发展的过程中，陈董事长对每年的流行趋势解读、生活方式的研究都会投入大量精力。陈辉的诸多理论如“有机家装、三宅一生、十宅七论、意识流”等在家装界和设计界广为流传。每一项都以客户为核心，每一项都是对生活方式的极致研究，这一点从未改变。

以“客户价值第一”为核心，秉承20年来一贯坚持的原则“先做人、再做事、后赚钱”，始终用实际行动在诠释这些理念。

▼不断创新才是企业生存下去的根本要素

从“农耕文明时代”到“工业文明时代”再到“互联网文明时代”，有些东西是需要坚守的，有些东西也是需要与时俱进的。如果在网络科技如此发达的今天仍然沿用20年前马路游击队的做法肯定是行不通的，技术、工具是需要不断革新的，而做人的本心是需要坚守的。

随着时代的进步，20年来东易日盛都顺应潮流，走在了行业前沿。用董事长自己的话说，家装行业经历了从“农耕文明时代”到“工业文明时代”再到“互联网文明时代”的三次革新。

农耕文明时代	工业文明时代	互联网文明时代
特点： 刀耕火种（落后、门槛低） 靠天吃饭（房地产业） 利用的是简单的工具（CAD设计软件） 以家庭为单位生产（手工作坊式、马路游击队、极度分散） 大多自给自足（自我封闭、技术落后） 人海战术（粗放经营）	特点： 机械普及（规模化生产） 分工精细化（生产效率高） 劳动和智力因素提高（具备专业知识，门槛提升） 信息技术的应用（信息传递加速） 标准的流程体系（提升效率）	特点： 开放（信息透明） 平等（花钱买已知，有良好的体验过程） 迅速（信息化、数字化技术的全面应用） 合作（资本驱动，资源整合） 分享（开放式创新）

▼管理是一门艺术，也是企业成功的关键

管理是件最难但也是最重要的事情，不管哪个公司，正在创业的还是已经成功的，都需要在管理上下工夫。

记得在一次东易日盛内部的高级管理会议上，正值下午1点钟，有些参会的同事难免会犯困，陈辉依旧用他温和的口气说："我看有几个同事犯困了，我点名了啊，我点他旁边的人！"顿时，大家都笑了。"自己不睡觉不行，还要看着自己旁边的人不睡觉。谁睡觉我就点他旁边的人。"一件小事，却表现出了大智慧，既给管理者们留足了面子，还达到了管理和互相监督的目的。再比如，在治理所有公司的通病"互相指责、互相拆台"这一现象时，东易日盛推出了"共好"文化，这种现象明显比一般公司要好很多。管理不仅是门学问，更是管理者个人魅力、修养和睿智的体现。

如果说这是管理的艺术，那管理者更要有审视自我、敢于担当的胸怀。

还有其他一些管理上让人佩服的东西，比如东易日盛实行分时汇报的政策，也就是说开会的时候是涉及哪个部门或者哪个人员就只要他们出现

即可，不涉及的人员不需要在场陪听。

与其说这是管理艺术，不如说是管理者看得明白，敢于担当，把高效和务实有效结合在一起。

▼致敬艺术，创造美好生活

生活是一门艺术，艺术造就了更美好的生活。东易日盛是空间艺术的缔造者，更是美好生活的筑造师。他们服务了千家万户，每一个房子到他们手里都升华成了一件空间艺术品，他们成全了千家万户的美好生活，也成就了今天的东易日盛。

成功之路千万条，但最终都归为一条，更好地服务人民群众。

/ Chapter 05 /

第五章

总结篇：创业成功必备的十大核心要素

前面我们已经谈了很多创业失败的故事，当然也谈到了这些失败的企业如果重新再来应该抓住哪些关键点。但是创业路上还是有很多成功的企业给了我们希望和动力，这里我们总结出了一些创业成功的核心要素。虽然创业者具备以下这些要素不一定会100%创业成功，但是如果不具备这些要素，失败是早晚的事。

创业成功必备的十大核心要素：

一、提前做好失败的准备。

二、考虑好家庭和事业之间的平衡问题。

三、必须做市场调研。

四、做好项目规划（预算）。

五、做好充分的资金准备。

六、做好必要的潜在客户准备。

七、创业者要有扎实的基本功。

1. 积极面对困难，并迅速找到解决办法。
2. 有时候也需要放低姿态。
3. 委曲求全与高瞻远瞩并存。
4. 要有超强的学习能力。
5. 要有超强的人际交往能力。
6. 要有一个强健的体魄。
7. 要有一个强大的内心。
8. 拥有超强的口才与演讲能力。
9. 熟练运用PPT、Word、Excel等办公软件。
10. 熟练掌握各种手机应用、智能终端等现代化高科技应用。

八、必须理清楚打工和创业的关系。

1."打工和创业"其实是一种相辅相成又相生相依的关系。

2.有没有做好辞职去创业的心理准备。

3.即便曾经创过业，也可以回头去企业工作。

九、必要的时候应迅速止损，这是创业失败的底线。

十、想清楚应如何定义创业成功。

第一核心要素：提前做好失败的准备。

如果在创业之初，就天天憧憬着创业成功后的大富大贵，或者创业的根本目的就是为了实现发财梦，那么这样的创业公司一般是走不远的。

就像我们小时候参加考试，那些总想着拿高分的同学一般分数都不会太高，或者总想着考砸了该怎么办的同学，一般考试会真的考砸。道理很简单，因为他的注意力不在做题上，全都在对考试结果的关注上，而那些真正的好学生，他们的关注点都在做题上。

当然，由于现在很多创业项目都是要靠投资公司的支持过日子的，面对投资公司的时候他们一定要规划出一个宏伟的蓝图。这里并不是说不能做规划蓝图，投资公司也会根据真实的数据、客观的逻辑来推测项目是否靠谱，是否有清晰的可实现步骤。

规划蓝图没有错，但是如果整天只是想着：等创业成功了，先买套别墅；或者等成功了先去之前的老板那耀武扬威一番，谁叫他当初不重视人才……如果天天抱着这种想法，那么创业成功也许就真的只能是一个梦想。

我曾经见过很多一开始就做好失败打算的企业，认认真真地埋头做事，最后却成功了，下面就是几个真实的案例。

案例一：当年一夜之间红遍朋友圈的手机游戏——"围住神经猫"，是一款简单的手机游戏，不需要下载App就可以玩，一时间在朋友圈疯传，各种破解游戏的技巧被大量转发！其实这个游戏的创始人不过是几个年轻人组成的一个非常年轻的团队，他们在开发这款游戏的时候并没有想过会这样火，他们只是专注于认认真真开发一款好玩的游戏，从而引发全国人民的转发，这就给了做游戏的人充分的肯定。

案例二：风靡校园的手机客户端——“超级课程表”是一群学生们自主研发的产品。他们在开发这款App的时候没有想过利润、估值、上市之类的问题，纯粹因为喜欢，而且他们热衷自己的产品、热衷自己的技术，作为学生，还知道学生蹭课的需求点在哪，所以超级课程表的应用应该是超级实用且贴心的。这也正是超级课程表团队开发这款产品的初衷，倾尽心血只为实用和好玩，并且他们也有高超的技术去实现这些。相信他们一定时时刻刻都准备着失败：“玩玩嘛，大不了失败了从头再来”，所以他们不会分心，却在不经意间打造了一个移动互联网的校园神话。

第二核心要素：考虑好家庭和事业之间的平衡问题。

人类本身就是具有社会属性的，而很多人进入到创业阶段就屏蔽了这一属性，或者一厢情愿地把自己的想法强加给自己的家人。在处理创业和家庭的关系中，人们通常有以下几类想法。

第一种，创业是自己的事，要实现自己的人生价值。

这种人看似是孤胆英雄，其实非常自私。如果你已经结婚成家，首先应该对家庭负责任，保障全家的正常生活是最基本的义务。比如有的人就是下面这样的。

一位男士，30多岁，突然觉得自己这辈子过得太平淡没什么价值，一时兴起要跟朋友南下去广州创业。当时他的妻子刚刚下岗，孩子又正在上学期间，需要大笔的费用，这位男士把家里仅有的两万块钱拿走创业去了，说是要实现自己的价值。一个对家庭、对孩子如此不负责任的人，怎么指望他将来能对客户、对自己的公司负责呢？没有了客户和公司员工的支持，又谈何创业成功呢？

也有人说：我反正还没结婚成家呢，要趁着年轻好好折腾一番。可是他却忽略了至亲的人——父母。

小王大学一毕业就以创业为借口赋闲在家，整天游手好闲地在家啃老，别人问他为什么不去工作，他理直气壮地说自己在创业。可他每天一大半的时间不是睡觉就是看韩剧，韩剧实在看烦了才拿出半小时或一小时开始“创业”。其实他所谓的创业，无非就是开个淘宝网店刷刷单，在QQ上和人讨论几个天马行空的创意，约朋友喝顿酒美其名曰谈业务……根本没有什么实质性的进展。就在“创业”这个美丽字眼的庇护下，他一直在家啃老了5年，邻居们见到他的父母都指指点点的，他的父母觉得无地自容。

不管是在做什么，都应该脚踏实地去做，只有辛苦耕耘才能获得成就。如果以“天才”、“创业”为借口整天偷懒逃避劳动，那一定是没有未来的。

第二种，为了给家人一个更好的未来，所以去创业。

这个理由听着比较悲壮且温暖，但实际上是一个比较乌托邦——超现实主义的想法。在大多数没有创业经历的人的脑子里，“创业”这个词基本等于“发财”，似乎只要沾上创业就能够飞黄腾达。秉承着这个理念去创业的人，可能往往并不能如愿。如果是为了过好日子，或者说为了给别人带来幸福生活而创业，基本上违背了创业成功十大核心要素的第一条：没有做好失败的准备，所以成功的可能性很低。

当然也不乏一些成功案例，不过大部分都是创业成功之后被美化了的故事，或许现实并非如此。

第三种，没有合适的工作，所以去创业。

常见一些有着较高资历或较好背景的人在创业。也有一些人是天生的狂妄自大，眼高手低，这些人没有参加过工作，踌躇满志，一心想要在创业中实现自己的人生抱负。主要分为两种情况。

如果是因为找不到工作而有创业的想法，建议千万别贸然去创业。诸多用人单位都不愿意录用，肯定是有自己的不足，先找出来并改正，否则这些不足一定会成为日后创业路上的绊脚石。也就是说，什么时候“未来的创业者”成为职场上的抢手人才了，什么时候创业的时机才算到了。

如果你是有着较高资历或较好背景的人（常见于国外优秀大学的留学人员），不屑于去一般的公司做个普通职员，并且没有什么生活压力，创业是一个比较好的选择。但是这个尝试不是无限期，一定要给自己设置一个期限和目标。

比如给自己两年的时间，立一个目标，实现收入500万。两年的时间到了之后，看看距离当初的目标差多少，如果实现目标或超出目标了自然最好，可以勇往直前地继续走下去；如果离达成目标还有一段距离，可以调整并制订新的目标，也可以根据目标达成的情况权衡创业是不是要继续做下去，或者是否需要继续追加投资等；如果距离目标相差甚远，比如两年基本没有客户，也没有收入，那就赶紧停业，去职场中好好锻炼两年，看看自己有哪些不足，并及时改正。

第四种，看准市场机遇、具备天时地利人和的条件，可以放手一搏。

如果在短时间内，家里没有迫切的经济负担需要承担，创业可以值得一试。可能有人会认为，经济负担随时都有，人的一生哪有不缺钱的时候。那至少在下面这几个时间点内不适宜创业，请慎重考虑。

1）妻子怀有身孕期间不宜创业；

2）家里有重症病人期间不宜创业；

3）孩子未满2岁之前、孩子高考前均不宜创业；

4）家里有严重的负债，如，有贷款、亲戚朋友间的借款等也不宜创业。（这一条不包含有巨额公司银行贷款、公司抵押等性质的负债，这属于资本运作的范畴，不在本书讨论范围内，这里仅指用于生活支出方面的负债。）

若家庭面临上述几种情况时不宜创业，因为这个时候为钱所迫，容易出现问题，在创业过程中最常见的表现就是：给客户乱报价，恨不得见到一个客户谈成一个；见到投资人会明显地表现出对金钱的渴望，容易让投资人反感；对待自己的员工、合作伙伴异常抠门，久而久之会导致众叛亲离。

而由于自己承担了过大的压力，对待亲人也容易偏激，比如一门心思扎在创业上，对家庭不管不顾。更严重者，不考虑家庭的实际情况，置家庭安危于不顾，甚至导致家庭破裂。在前面几个故事中，我们都有提到过类似的案例。

如果没有上述几种情况，成功的可能性会大很多。但也不表示创业就一定能成功。有些人虽然短期内没有经济压力，可以放开手脚实战一番，但是真心不知道该做什么，只是为了创业而创业。即使有非常看好的项目，也要考虑大环境、竞争对手等情况。

总之，创业成功的第二个核心要素就是：看准一个市场机会，并且没有家庭、经济等严重压力束缚自己时，方可考虑。

第三核心要素：必须做市场调研。

这个问题其实很简单，就是在开始之前，先看看市场上缺不缺这个产品，看看有没有竞争对手在做，可就是这么简单的事情，却往往最容易被忽略。一般情况下，大家都是有了一个很好的想法，就一冲动开始创业了，但真正上手之后才发现市场根本不是自己想的那个样子。这样的例子数不胜数。

三年前小胡获得了别人送他的一件礼物——一个精致的葫芦。葫芦不大不小，摸在手里很是舒服，而且摆在家里代表吉祥如意的意思，象征意义非常好，小胡很是喜欢。小胡生长在农村，老家有几亩地。他回去一问家里的老人得知：葫芦非常高产，而且管理起来特别容易。也就是说，葫芦的种植成本极低，平均每个葫芦成本不到2元钱。小胡觉得这是一个商机，葫芦种植成本这么低，随随便便卖到城里就要10元钱，可以净赚8元。而且像朋友送他的那个葫芦售价要100多，简直是暴利！

于是，小胡把自己老家的几颗枣树砍掉，种了1亩地的葫芦，到了秋天收获了满满两屋子的葫芦。葫芦是种出来了，可是这个时候他才发现，新成熟的葫芦外面全是毛，还有一层褐色的皮，很难看。也就是说葫芦需要刮皮、刷油、甚至雕刻之后才能看起来美观、光滑……但两屋子的葫芦一个一个刮皮可是个大工程！

为了学习刮皮、刷油的技术，小胡开始上网查找这方面的相关知识，这才发现里面的学问还多着呢。比如售价100多的葫芦，都是经过烫画、刻字的，那又是一门艺术，没有十年八年的功底是做不到的。又比如，他发现葫芦其实在很多年前就是一个成熟的产业了，葫芦在古董文玩市场是一个重要的品类，一点也不稀奇，可是这里面的门道却很多，比如葫芦还分高腰葫芦、中腰葫芦、指捻葫芦、悠锤葫芦……门道太多了。而在文玩市场上，一些没有卖相的普通葫芦也挺便宜的，3 ~ 5元一个随便挑，并且都是刮好皮、刷好油的……

这个行业的水太深了，小胡彻底气馁了，原以为是发现了一个巨大的商机，实际上早已有人在做了。他要是早知道里面有这么多门道，是无论如何也不会涉足这块的。

以葫芦这个项目为例子，其实做市场调研很简单，哪怕是先从网上查些资料也好。而通过网络，很容易就能找到卖葫芦的古玩市场，多去几个市场转转，跟行家聊聊，再做决定就会理性多了。好在他投入的资金并不多，及早结束了这个项目，也没有造成太多的损失。

无独有偶，汤先生种的“人形长寿梨”也属于这个情况。

把梨种出栩栩如生的人形，确实新奇并且令人惊叹。但这是一门技术活，每一颗梨光是固定模具就要上14颗螺丝，再加上中间的养护过程，可谓复杂至极。

汤先生和他的团队想当然地认为这个东西稀奇，北、上、广、深这种大都市的人一定喜欢，是他们送礼的最佳选择。一线城市的人的确是喜欢各种稀罕玩意，也的确有很强烈的送礼发福利的需求。但是由于没有对高端礼品市场做充分的调研和了解，汤先生忽略了最重要的两点：1）“人形长寿梨”由于长时间在塑料模具里生长，一点也不甜，吃起来味同嚼蜡，很难吃。不管是什么梨，它毕竟只是个水果，好吃一定是他的最本质要求。2）梨的保质期短，买回家之后15天就会变坏。而作为贵重礼品，送礼的人都希望别人看到这个礼物就能想到送礼的人。显然“人形长寿梨”不符合这个特点。

汤先生的例子就属于没有认真做市场调研，对市场了解得不透彻，只是简单地看到了表面，以为大家会追求新奇，却没有了解到客户最本质的需求。

要做这类调研其实也很简单，最实用的方法有两个。方法一：找10～30个真真正正的目标客户，深入跟他们聊聊，聊对产品的看法，分析他们的真正需求是什么。方法二：拿50～100箱“人形长寿梨”，免费给到目标客户，一个月后看有多少人把它当珍贵礼品送给别人。一个月后再针对这50个人做深度的调研访谈，送了的问他为什么送了，收礼物的人反馈如何；没送的人问他为什么没送、顾虑是什么。多实用又简单的市场调研啊！

这两个方法听起来简单，可是去哪找那些目标客户呢？产品想卖到上海，根本不认识上海人，更不知道他们谁有送礼的需求。这就涉及“第七要素，创业者要有扎实的基本功”，后面会详细介绍。

第四核心要素：做好项目规划（预算）。

不少人认为写计划、做预算是大公司才做的事情，创业公司拼的是短平快，不需要做。但要注意的是，你可以不做复杂的Excel表，也可以没有冗长的商业计划书，但最起码要做到以下几个方面。

1）你准备投入多少资金？

2）你打算给产品定什么样的价？为什么这么定价？

3）你的项目预计何时能盈利？为什么？

4）正常运作之后，你的项目一年收入是多少？利润是多少？

5）正常运作之后，公司一年正常的运营费用是多少？

这些细账，不算不知道，一算吓一跳。好多项目，经过仔细一算，发现各种零碎支出太多，利润根本没有想象得那么可观，这时就需要赶紧调整战略方向。也有的项目前景确实不错，但是一定要经过一个很长的市场培养期才能够成功，这时就需要准备充裕的后备资金来做担保。更有一些项目，通过这些数据的推算，发现定价根本不合理，这时可以及时调整定价，避免走不必要的弯路。

我曾经有个做企业高管的朋友，准备出来创业，幸好他知道做预算的重要性，他把该项目的各种数据做了一个大概的推演，反复推算之后，发现五年之内所得的利润竟然还不如他一年的年薪高。如果要想有更高的利润，就需要加10倍以上的投资。风险非常大，而且跟这位高管当初想创业的初衷背离了，所以他果断地否掉了这个项目。

当然这是个正面案例，还有很多负面案例，听起来像笑话，但是我们自己是不是偶尔也会犯这样的错误呢？抢购一些促销的产品，以为自己占便宜了，其实买回来的都是没用的东西；公司提供优厚的待遇，自己却不屑一顾，出来创业，同样的项目，在没有办公室、没有差旅费、没有团队的情况下就能成功么？你的绝对优势在哪？你的超级过人之处是什么？这些要先想清楚。

一份精确的推演预算，能让你少走很多弯路，熟手一两天就可以推演完成，就算是生手，用最笨的方法一周也能算出个大概，这项工作必不可少。若不知道这些数据，创业就如同是在走夜路，一路磕磕碰碰。为了方便让更多的人受益，少走弯路，这里附上一份“项目预算推演表格”，这是个通用版本，根据不同行业可以进行微调。

一份项目预算推演表格，大体上是这样的。

一、成本、利润核算

大多数创业者要么不屑于做项目推演，要么不会，但这个技能非常重要。有的人会觉得就这点事，还用专门做表格来进行推演么？比如有一种好喝的饮料，成本只有2元钱，超市售价10元，而且因为主打纯天然、健康、无污染，很多人认为绝对会畅销。价格都是算过的，一瓶赚8元，卖1万瓶赚8万元，卖10万瓶就是80万元，所以一年只要卖掉10万瓶，就会赚很多！殊不知，这不叫推演，只是个美好的畅想，在销售的过程中还需要投入很多成本。

第一个问题来了，超市不是说进就能进去的，而且进超市需要不少成本。以下面这个表格为例，特别说明一下，这里列举的是非知名超市，因为知名的是不太好进去的。想进一个超市，首先要支付条码费、进场费、年节费等，这一系列的费用都是成本，也就是说一瓶饮料还没有卖出去，就要先支付这些费用了。另外，要确定是不是只卖一种饮料，如果是大小不同规格包装的两种口味的饮料，就等于是4个SKU（单品），也就意味着下面的这些费用要翻四倍。（数字和价格仅供参考，但进店的各种成本项目是确切的。）

第二个问题，若想赚8元/瓶，那么给超市留多少利润呢？粗略算一下，大概会支付给超市2元的分成，那利润只剩下6元。而一共10万瓶饮料，能堆满一个足球场了，不可能自己一箱箱送，显然需要用到经销商，给经销商要分多少呢，而且是新品，一级、二级经销商怎么也要分掉3～4元，那么也就只剩下2元的利润了。

非知名超市进（北京、成都）店费用合计

北京		门店数量	条码费	进场费	年节费	海报（DM）	堆头（TJ）	陈列	促销人员
	直营店	52	548 800	350 000	70 000	196 000	32 000	42 000	108 000
	一批经销商店	249	1 184 700	71 000		350 500	157 500	79 500	147 600
	二批经销商店	79	123 100	10 000		29 600	28 000	9 000	
	三批经销商店	202	224 740			54 000	4 000	8 000	
合计		582	2 081 340	431 000	70 000	630 100	221 500	138 500	255 600
成都	直营店	19	357 200	222 000		19 000		110 000	55 000
	经销商店	1 087	484 500			130 400		90 500	47 000
合计		1 106	841 700	222 000		149 400		200 500	102 000
总计		1 688	2 923 040	653 000	70 000	779 500	221 500	339 000	357 600

很多人认为，每瓶8元的利润已经很不错了，创业的第一年就可以盈利了，其实可能三年之内都赚不到钱，究竟几年能实现盈亏平衡，可以看看下面这几个项目推演表。

下面是某食品公司的4年预算计划。

某食品公司2010年~2014年财政预算

项目	2010年	2011年	2012年	2013年	2014年	5年合计
销售量（kg）	844 544	1 990 128	3 411 714	5 312 764	7 452 865	19 012 015
销售额（RMB）	28 050 000	64 328 331	108 022 921	168 214 624	221 191 451	589 807 327
销售增长率		129.3%	67.9%	55.7%	31.5%	
公斤售价	33.21	32.32	31.66	31.66	29.68	31.02
销售成本（RMB）	18 532 840	42 790 041	71 027 750	110 605 287	153 418 313	386 913 607
销售毛利（RMB）	9 517 160	21 538 290	36 995 171	57 609 337	67 773 138	193 433 096
销售毛利率%	33.93%	33.48%	34.25%	34.25%	30.64%	32.80%
管理费用	4 249 917	4 674 908	5 142 399	5 656 639	6 222 303	25 946 166
占比	15.15%	7.27%	4.76%	3.36%	2.81%	4.40%
销售费用	5 430 137	7 414 801	9 190 641	11 932 862	14 562 711	48 531 151
占比	19.36%	11.53%	8.51%	7.09%	6.58%	8.23%
市场费用	4 828 967	8 111 373	10 623 269	12 106 219	14 541 090	50 210 917
占比	17.22%	12.61%	9.83%	7.20%	6.57%	8.51%
销售市场费用	36.57%	24.14%	18.34%	14.29%	13.16%	16.74%

某食品公司2010年~2014年财政预算-销售收入

单位：元 20100113

总销售额（RMB）	2010合计	2011合计	2012合计	2013合计	2014合计	5年合计
总销售额年增幅		129%	68%	56%	31%	
总年销售额	28 050 000	64 328 331	108 022 921	168 214 624	221 191 451	589 807 327
零售总体占比	34%	25%	20%	20%	20%	
零售总体销售额	9 537 000	16 082 083	21 604 584	33 642 925	44 238 290	231 970 924
－零售山楂饮料占比	67%	67%	67%	67%	67%	
－零售山楂饮料销售额	6 389 790	10 774 995	14 475 071	22 540 760	29 639 654	83 820 271
－零售调味料占比	33%	33%	33%	33%	33%	
－零售调味料销售额	3 147 210	5 307 087	7 129 513	11 102 165	14 598 636	41 284 611
餐饮总体占比	66%	75%	80%	80%	80%	
餐饮总体销售额	18 513 000	48 246 248	86 418 337	134 571 699	176 953 161	354 192 403
－餐饮饮料占比	30%	30%	30%	30%	30%	
－餐饮饮料销售额	5 553 900	14 473 874	25 925 501	40 371 510	53 085 948	139 410 734
－餐饮调味料占比	70%	70%	70%	70%	70%	
－餐饮调味料销售额	12 959 100	33 772 374	60 492 836	94 200 189	123 867 213	325 291 712
	100.0%	100.0%	100.0%	100.0%	100.0%	
北京销售占比	80.00%	69.0%	59.0%	53.6%	49.5%	
北京总体销售额	22 440 000	44 386 548	63 733 523	90 163 038	109 489 768	330 212 879
－山楂饮料合计销售额	5 275 000	14 695 081	16 899 343	19 434 244	22 349 381	78 653 049
－山楂饮料	4 601 383	12 818 519	14 741 297	16 952 491	19 495 365	68 609 054

某食品公司2010年~2014年财政预算-销售收入

（续表）

总销售额（RMB）	2010合计	2011合计	2012合计	2013合计	2014合计	5年合计
-眉州调味料	673 618	1 876 562	2 158 046	2 481 753	2 854 016	10 043 994
-北京零售总额	5 836 100	7 422 867	9 366 836	14 145 759	17 428 077	54 199 639
-北京零售饮料	3 910 187	4 973 321	6 275 780	9 477 658	11 676 812	36 313 758
-北京零售调味料	1 925 913	2 449 546	3 091 056	4 668 100	5 751 266	17 885 881
-北京餐饮总额	11 328 900	22 268 601	37 467 344	56 583 035	69 712 310	197 360 191
-北京餐饮饮料	3 398 670	6 680 580	11 240 203	16 974 911	20 913 693	59 208 057
-北京餐饮调味料	7 930 230	15 588 021	26 227 141	39 608 125	48 798 617	138 152 133
成都销售占比	20.0%	21.7%	20.3%	16.3%	14.5%	
成都总体销售额	5 610 000	13 941 783	21 928 653	27 418 984	32 094 880	100 994 299
-成都零售总额	1 907 400	3 485 446	4 385 731	5 483 797	6 418 976	21 681 349
-成都零售饮料	1 277 958	2 335 249	2 938 439	3 674 144	4 300 714	14 526 504
-成都零售调味料	629 442	1 150 197	1 447 291	1 809 653	2 118 262	7 154 845
-成都餐饮总额	3 702 600	10 456 337	17 542 922	21 935 187	25 675 904	79 312 950
-成都餐饮饮料	1 110 780	3 136 901	5 262 877	6 580 556	7 702 771	23 793 885
-成都餐饮调味料	2 591 820	7 319 436	12 280 046	15 354 631	17 973 133	55 519 065
天津销售占比		2.80%	3.3%	3.4%	3.51%	
天津总体销售额		1 801 193	3 597 163	5 786 583	7 763 820	18 948 760
-天津零售总额						-
-天津零售饮料						-
-天津零售调味料						-

某食品公司2010年~2014年财政预算-销售收入

（续表）

总销售额（RMB）	2010合计	2011合计	2012合计	2013合计	2014合计	5年合计
-天津餐饮总额		1 801 193	3 597 163	5 786 583	7 763 820	18 948 760
-天津餐饮饮料		540 358	1 079 149	1 735 975	2 329 146	5 684 628
-天津餐饮调味料		1 260 835	2 518 014	4 050 608	5 434 674	13 264 132
西安销售占比		1.865%	2.22%	2.4%	2.4%	
西安总体销售额		1 199 723	2 398 109	4 020 330	5 330 714	12 948 876
-西安零售总额						-
-西安零售饮料						-
-西安零售调味料						-
-西安餐饮总额		1 199 723	2 398 109	4 020 330	5 330 714	12 948 876
-西安餐饮饮料		359 917	719 433	1 206 099	1 599 214	3 884 663
-西安餐饮调味料		839 806	1 678 676	2 814 231	3 731 500	9 064 213
郑州销售占比		1.865%	2.22%	2.4%	2.4%	
郑州总体销售额		1 199 723	2 398 109	3 986 687	5 330 714	12 915 233
-郑州零售总额						-
-郑州零售饮料						-
-郑州零售调味料						-
-郑州餐饮总额		1 199 723	2 398 109	3 986 687	5 330 714	12 915 233
-郑州餐饮饮料		359 917	719 433	1 196 006	1 599 214	3 874 570
-郑州餐饮调味料		839 806	1 678 676	2 790 681	3 731 500	9 040 663

还有更复杂的，每个时期的产品不可能是一成不变的，对不同的经销商、不同的渠道，价格是有变动的，而且不同的年份也会根据实际情况进行涨价、调价，根据这个表格模式可以自己进行计算。

某食品公司2010年~2014年财政预算–销售收入

单位：元　20100113

	2010合计	2011合计	2012合计	2013合计	2014合计	5年合计
总销售额年增幅		129%	68%	56%	31%	
总年销售额	28 050 000	64 328 331	108 022 921	168 214 624	221 191 451	589 807 327
北京销售占比	80.00%	69.00%	59.00%	53.60%	49.50%	
北京总体销售额	22 440 000	44 386 548	63 733 523	90 163 038	109 489 768	330 212 879
–眉州合计销售额	5 275 000	14 695 081	16 899 343	19 434 244	22 349 381	78 653 049
成都销售占比	20.00%	21.67%	20.30%	16.30%	14.51%	
成都总体销售额	5 610 000	13 941 783	21 928 653	27 418 984	32 094 880	100 994 299
天津销售占比	0.00%	2.80%	3.33%	3.44%	3.51%	
天津总体销售额	–	1 801 193	3 597 163	5 786 583	7 763 820	18 948 760
西安销售占比	0.00%	1.87%	2.22%	2.39%	2.41%	
西安总体销售额	–	1 199 723	2 398 109	4 020 330	5 330 714	12 948 876
郑州销售占比	0.00%	1.87%	2.22%	2.37%	2.41%	
郑州总体销售额	–	1 199 723	2 398 109	3 986 687	5 330 714	12 915 233
沈阳销售占比	0.00%	2.80%	3.33%	3.43%	3.51%	
沈阳总体销售额	–	1 801 193	3 597 163	5 769 762	7 763 820	18 931 938
贵阳销售占比	0.00%	0.00%	1.67%	2.17%	2.81%	

某食品公司2010年~2014年财政预算-销售收入

（续表）

	2010合计	2011合计	2012合计	2013合计	2014合计	5年合计
贵阳总体销售额	–	–	1 803 983	3 650 257	6 215 480	11 669 720
济南销售占比	0.00%	0.00%	1.87%	2.40%	2.81%	
济南总体销售额	–	–	2 020 029	4 037 151	6 215 480	12 272 659
广州销售占比	0.00%	0.00%	3.26%	4.20%	5.00%	
广州总体销售额	–	–	3 521 547	7 065 014	11 059 573	21 646 134
深圳销售占比	0.00%	0.00%	2.80%	3.60%	4.20%	
深圳总体销售额	–	–	3 024 642	6 055 726	9 290 041	18 370 409
武汉销售占比	0.00%	0.00%	0.00%	2.15%	3.00%	
武汉总体销售额	–	–	–	3 616 614	6 635 744	10 252 358
长沙销售占比	0.00%	0.00%	0.00%	2.15%	3.20%	
长沙总体销售额	–	–	–	3 616 614	7 078 126	10 694 741
昆明销售占比	0.00%	0.00%	0.00%	1.80%	2.60%	
昆明总体销售额	–	–	–	3 027 863	5 750 978	8 778 841
上海销售占比	0.00%	0.00%	0.00%	0.00%	0.24%	
上海总体销售额	–	–	–	–	530 859	530 859
杭州销售占比	0.00%	0.00%	0.00%	0.00%	0.18%	
杭州总体销售额	–	–	–	–	398 145	398 145
南京销售占比	0.00%	0.00%	0.00%	0.00%	0.11%	
南京总体销售额	–	–	–	–	243 311	243 311
合计	28 050 000	64 330 164	108 022 921	168 214 624	221 191 451	589 809 161

某食品公司2010年~2014年财政预算-销售量

单位：公斤　20100113

总销售量（RMB）	2010合计	2011合计	2012合计	2013合计	2014合计	5年合计
总销售量年增幅		136%	71%	56%	40%	
总年销售量	844 544	1 990 128	3 411 714	5 312 764	7 452 865	19 012 015
北京销售占比	78.37%	68.19%	59.00%	53.60%	49.50%	
北京总体销售量	661 881	1 356 997	2 012 912	2 847 641	3 689 168	10 568 598
–眉州合计销售量	145 784	406 062	487 275	584 730	701 676	2 325 527
成都销售占比	21.63%	22.44%	20.30%	16.30%	14.51%	
成都总体销售量	182 663	446 516	692 578	865 980	1 081 411	3 269 149
天津销售占比	0.00%	2.81%	3.33%	3.44%	3.51%	
天津总体销售量	–	55 985	113 610	182 759	261 596	613 949
西安销售占比	0.00%	1.88%	2.22%	2.39%	2.41%	
西安总体销售量	–	37 323	75 740	126 975	179 614	419 652
郑州销售占比		1.88%	2.22%	2.37%	2.41%	
郑州总体销售量		37 323	75 740	125 913	179 614	418 590
沈阳销售占比		2.81%	3.33%	3.43%	3.51%	
沈阳总体销售量		55 985	113 610	182 228	261 596	613 418
贵阳销售占比		0.00%	1.67%	2.17%	2.81%	
贵阳总体销售量		–	56 976	115 287	209 426	381 688

某食品公司2010年~2014年财政预算-销售量

（续表）

总销售量（RMB）	2010合计	2011合计	2012合计	2013合计	2014合计	5年合计
济南销售占比			1.87%	2.40%	2.81%	
济南总体销售量			63 799	127 506	209 426	400 731
广州销售占比			3.26%	4.20%	5.00%	
广州总体销售量			111 222	223 136	372 643	707 001
深圳销售占比			2.80%	3.60%	4.20%	
深圳总体销售量			95 528	191 259	313 020	599 808
武汉销售占比				2.15%	3.00%	
武汉总体销售量				114 224	223 586	337 810
长沙销售占比				2.15%	3.20%	
长沙总体销售量				114 224	238 492	352 716
昆明销售占比				1.80%	2.60%	
昆明总体销售量				95 630	193 774	289 404
上海销售占比					0.24%	
上海总体销售量					17 887	17 887
杭州销售占比					0.18%	
杭州总体销售量					13 415	13 415
南京销售占比					0.11%	
南京总体销售量					8 198	8 198
合计	844 544	1 990 128	3 411 714	5 312 764	7 452 865	19 012 015

某食品公司2010年~2014年财政预算-销售价格

单位：元　20100113

总销售价格（RMB/kg）	2010合计	2011合计	2012合计	2013合计	2014合计	5年合计
总销售价格年增幅		-2.68%	-2.05%	0.00%	-6.26%	
总年销售价格	33.21	32.32	31.66	31.66	29.68	31.02
北京						
北京总体销售价格	33.90	32.71	31.66	31.66	29.68	31.24
-眉州合计销售价格	36.18	36.19	34.68	33.24	31.85	33.82
成都						
成都总体销售价格	30.71	31.22	31.66	31.66	29.68	30.89
天津						
天津总体销售价格		32.17	31.66	31.66	29.68	30.86
西安						
西安总体销售价格		32.14	31.66	31.66	29.68	30.86
郑州						
郑州总体销售价格		32.14	31.66	31.66	29.68	30.85
沈阳						
沈阳总体销售价格		32.17	31.66	31.66	29.68	30.86
贵阳						
贵阳总体销售价格			31.66	31.66	29.68	30.57
济南						

某食品公司2010年~2014年财政预算-销售价格

（续表）

总销售价格（RMB/kg）	2010合计	2011合计	2012合计	2013合计	2014合计	5年合计
济南总体销售价格			31.66	31.66	29.68	30.63
广州						
广州总体销售价格			31.66	31.66	29.68	30.62
深圳						
深圳总体销售价格			31.66	31.66	29.68	30.63
武汉						
武汉总体销售价格				31.66	29.68	30.35
长沙						
长沙总体销售价格				31.66	29.68	30.32
昆明						
昆明总体销售价格				31.66	29.68	30.33
上海						
上海总体销售价格					29.68	29.68
杭州						
杭州总体销售价格					29.68	29.68
南京						
南京总体销售价格					29.68	29.68
合计	33.21	32.32	31.66	31.66	29.68	31.02

某食品公司2010年~2014年成本-销售量

单位：元　20100113

项目	成本	2010销售量合计	2011销售量合计	2012销售量合计	2013销售量合计	2014销售量合计
零售山楂饮料类	19.64	16 636	49 319	28 170	43 866	57 681
零售果汁饮料类	22.2	0	87 539	259 693	404 398	531 757
零售酸奶饮料类	18.82	21 483	63 690	36 378	56 648	74 489
零售其他类	31.2	0	8 444	25 051	39 010	51 295
零售大枣饮料类	25.9	57 800	7 668	22 748	35 424	46 580
零售黑芝麻饮料类	25.51	1 673	4 959	14 712	22 910	30 125
零售桃汁味类	31.18	38 678	5 131	15 222	23 704	31 169
零售玉米味类	18	0	19 082	56 609	88 153	115 915
小计		136 270	245 833	458 583	714 112	939 011

某食品公司2010年~2014年财政预算-市场销售费用（城市）

单位：元　20100113

市场费用	2010合计	2011合计	2012合计	2013合计	2014合计	5年合计
增幅		68%	31%	14%	20%	
北京	3 775 734	5 521 430	6 203 242	6 430 348	7 143 736	29 074 490
-专卖店1	222 745	161 020	159 722	158 640	157 725	859 852
成都	943 933	1 734 277	2 134 336	1 955 498	2 094 053	8 862 097
天津	-	224 058	350 115	412 694	506 556	1 493 423
西安	-	149 239	233 410	286 726	347 806	1 017 181
郑州	-	149 239	233 410	284 327	347 806	1 014 782
沈阳	-	224 058	350 115	411 494	506 556	1 492 223
贵州	-	-	175 583	260 333	405 533	841 450
济南	-	-	196 611	287 926	405 533	890 071
广州	-	-	342 755	503 871	721 589	1 568 215
深圳	-	-	294 391	431 889	606 135	1 332 415
武汉	-	-	-	257 934	432 954	690 887
长沙	-	-	-	257 934	461 817	719 751
昆明	-	-	-	215 945	375 227	591 171
上海	-	-	-	-	34 636	34 636
杭州	-	-	-	-	25 977	25 977
南京	-	-	-	-	15 875	15 875

某食品公司2010年~2014年财政预算－市场销售费用（城市）

（续表）

市场费用	2010合计	2011合计	2012合计	2013合计	2014合计	5年合计
成都（糖烟酒会）	50 000	50 000	50 000	50 000	50 000	250 000
*眉山市	59 300	59 300	59 300	59 300	59 300	296 500
市场销售费用	2010合计	2011合计	2012合计	2013合计	2014合计	5年合计
市场费用合计	4 828 967	8 111 373	10 623 269	12 106 219	14 541 090	51 070 997
市场费用比例	17.22%	12.61%	9.83%	7.20%	6.57%	8.66%
销售费用	5 430 137	7 414 801	9 190 641	11 932 862	14 562 711	48 531 151
销售费用比例	19.36%	11.53%	8.51%	7.09%	6.58%	8.23%
总体合计	10 259 104	15 526 174	19 813 910	24 039 080	29 103 800	98 742 068
总体费比	36.57%	24.14%	18.34%	14.29%	13.16%	16.74%

某食品有限公司具体费用预算（2010年~2014年）

行次	项目	2010合计	2011合计	2012合计	2013合计	2014合计
1	办公费	248 400	248 400	248 400	298 080	357 696
2	董事会费	–	–	–	–	–
3	工资及福利	2 100 947	2 493 994	2 906 694	3 340 029	3 795 030
4	福利费	–	–	–	–	–
5	折旧费	18 000	20 000	22 000	24 000	22 000
6	低值易耗品摊销	24 000	28 800	34 560	41 472	49 766
7	差旅费用	180 000	198 000	217 800	239 580	263 538
8	交通费用	81 800	101 000	120 200	139 400	158 600
9	汽车费用	73 300	82 900	92 500	102 100	111 700
10	电话费用	189 600	227 520	273 024	327 629	393 155
11	业务招待费	120 000	180 000	270 000	405 000	607 500
12	房租	120 000	120 000	120 000	180 000	180 000
13	保险费用	–	–	–	–	
14	无形资产摊销	–	–	–	–	
15	特许权使用费	–	–	–	–	
16	中介机构费用	18 000	18 000	18 000	18 000	20 000
17	税金	–	–	–	–	
18	安保费用	–	–	–	–	
19	水电费用	–	–	–	–	

某食品有限公司具体费用预算（2010年~2014年）

（续表）

行次	项目	2010合计	2011合计	2012合计	2013合计	2014合计
20	机物料消耗	–	–	–	–	
21	修理费用	–	–	–	–	
22	劳动保护费用	–	–	–	–	
23	外部修理	12 000	12 000	12 000	12 000	12 000
24	工程费转入					
25	坏账准备金	–	–	–	–	
26	培训费用	24 000	30 000	35 000	40 000	45 000
27	运费	2 208 090	3 639 787	4 803 183	6 744 836	8 521 842
28	佣金	–	–	–	–	
29	公共转入					
30	银行手续费	–	–	–	–	
31	汇兑损益	–	–	–	–	
32	开办费摊销	–	–	–	–	
33	其他	12 000	14 400	17 280	20 736	24 883
	合计	5 430 137	7 414 801	9 190 641	11 932 862	14 562 711
34	消费者促销费用	1 560 372	2 134 399	2 961 742	2 784 223	2 834 223
	－促销员费用	753 600	1 130 400	1 695 600	1 695 600	1 695 600
	－品尝样品(RT)	32 704	49 056	58 867	58 867	58 867
	－促销物料	303 359	151 680	303 359	75 840	75 840
	－临促	194 400	388 800	466 560	466 560	466 560
	－赠品/礼品	76 309	114 464	137 356	137 356	137 356
	－其他费用	200 000	300 000	300 000	350 000	400 000
	合计	1 560 372	2 134 399	2 961 742	2 784 223	2 834 223
35	商业促销费用	2 583 085	3 729 663	4 098 506	4 085 197	5 024 154
	－新品费/条码费	1 125 740	1 868 610	1 305 740	180 000	180 000
	－进场费、年节费	53 000	0	0	0	0
	－海报费	605 800	820 423	1 377 690	2 145 356	2 821 006
	－堆头费	148 500	201 111	337 714	525 892	691 514
	－业务竞赛奖励	50 000	60 000	70 000	80 000	90 000
	－批发渠道	268 000	509 200	738 340	886 008	974 609
	－零售年度退佣	0	0	0	0	0
	糖酒会/博览会	50 000	50 000	50 000	50 000	50 000
	专卖店1	222 745	161 020	159 722	158 640	157 725

某食品有限公司具体费用预算（2010年~2014年）

（续表）

行次	项目	2010合计	2011合计	2012合计	2013合计	2014合计
	专卖店2	59 300	59 300	59 300	59 300	59 300
	合计	2 583 085	3 729 663	4 098 506	4 085 197	5 024 154
36	广告媒体费用	0	50 000	50 000	50 000	50 000
37	市场调查费用	25 000	50 000	80 000	110 000	134 000
38	餐饮费用	660 510	2 147 311	3 433 021	5 076 799	6 498 712
	-线上活动推广	440 000	1 220 678	2 049 815	3 191 997	4 197 272
	-促销（赠品/礼品）	111 410	309 081	519 022	808 228	1 062 768
	-样品	-	0	0	0	0
	-宣传物料	109 100	411 701	518 510	538 287	530 859
	-经销商合同返利	-	-	-	-	-
	-大客户返利		205 851	345 673	538 287	707 813
	合计	660 510	2 147 311	3 433 021	5 076 799	6 498 712
	市场费用合计	4 828 967	8 111 373	10 623 269	12 106 219	14 541 090
	总计	10 259 104	15 526 174	19 813 910	24 039 080	29 103 800

二、促销活动

有的人认为自己是个营销奇才，在做营销创意方面很有想法，但大部分人只局限于下面这个表格的这一步，但实际背后有一大堆表格在做支撑，在创业之前需要把这些都算清楚。

营销方案

促销项目	内容	涉及的促销物料	适用范围
店内演示+品尝（厨师秀推广）	店内设品尝台，厨师穿厨师服现场制作并介绍产品，让顾客当场免费品尝。不能穿厨师服的店改穿促销围裙	品尝台、纸杯、电磁炉、推广菜谱、促销围裙、牙签、垃圾桶等	大的店面（KA店）、个别B店，在产品上市前8个月
免费派送	准备一批极小规格的品尝赠品，在产品的货架前或人流密集的地方免费派发	品尝赠品签、推广菜谱、促销围裙	有线上活动的店（TG、DM）；连锁便利店、社区推广、新开城市的店或渠道

营销方案

（续表）

促销项目	内容	涉及的促销物料	适用范围
买赠	买大规格送小规格；买老产品送新产品；买礼盒送小套装；买产品送精美礼品；销售淡季买二送一（捆绑促销为主）	赠品签、促销海报、爆炸签、跳跳卡	这是主力促销方式，适合大面积推广
联合促销	1.自有产品联合：第一件20元，第二件12元（金额待定）；2.品牌联合：与方便面、米粉、挂面等联合买赠	赠品签、促销海报、爆炸签、跳跳卡	有线上活动的店（TG、DM）；重大节日、新品上市等
加量不加价	设计加量装产品，包装上直接做加量装标记。用于冲销量、清库存时采用	加量装标签及包装	除便利店外的所有渠道
店外换购	消费满30元，即可凭购物小票特价换购某产品一件	促销海报、爆炸签、易拉宝	所有A店、B店
集点换物	一卡两用，副券为某饭店2元代金券，主券为12生肖图案；集齐12生肖，即可通过电话或网络换购精美大礼包一套；同时可积攒代金券去店里消费享受同等金额优惠，上不封顶	集点换物卡、推广海报	针对比较成熟的渠道长期推广
特价	针对个别产品做临时特价	特价签	不轻易使用，只针对个别破损、到期产品或个别渠道进行推广

在做这些营销活动的背后有大量数据需要做支撑。

某食品有限公司具体费用预算

行　次	项　目	2010合计
1	办公费	248 400
2	董事会费	–
3	工资及福利	2 100 947
4	福利费	–
5	折旧费	18 000
6	低值易耗品摊销	24 000
7	差旅费用	180 000
8	交通费用	81 800
9	汽车费用	73 300
10	电话费用	189 600

某食品有限公司具体费用预算

（续表）

行　次	项　目	2010合计
11	业务招待费	120 000
12	房租	120 000
13	保险费用	–
14	无形资产摊销	–
15	特许权使用费	–
16	中介机构费用	18 000
17	税金	–
18	安保费用	–
19	水电费用	–
20	机物料消耗	–
21	修理费用	–
22	劳动保护费用	–
23	外部修理	12 000
24	工程费转入	
25	坏账准备金	–
26	培训费用	24 000
27	运费	2 208 090
28	佣金	–
29	公共转入	
30	银行手续费	–
31	汇兑损益	–
32	开办费摊销	–
33	其他	12 000
	合计	5 430 137
34	消费者促销费用	8 510 927
	–促销员费用	753 600
	–品尝样品(RT)	0
	–促销物料	303 359
	–临促	194 400

某食品有限公司具体费用预算

（续表）

行　次	项　目	2010合计
	－赠品/礼品	76 309
	－其他费用	200 000
	合计	8 510 927
35	商业促销费用	2 583 085
	－新品费/条码费	1 125 740
	－进场费、年节费	53 000
	－海报费	605 800
	－堆头费	148 500
	－业务竞赛奖励	50 000
	－批发渠道	268 000
	－零售年度退佣	0
	糖酒会	50 000
	各类展会参展费用	
	眉州专卖店	222 745
	眉山专卖店	59 300
	合计	2 583 085
36	广告媒体费用	0
37	市场调查费用	25 000
38	餐饮费用	660 510
	一线上活动推广	440 000
	一促销（赠品/礼品）	111 410
	一样品	-
	一宣传物料	109 100
	一经销商合同返利	-
	一大客户返利	
	合计	660 510
	市场费用合计	11 779 522

2010年促销活动计划

2010年促销排期						月份	5月			
						活动主题	新品上市			
						促销时间	5.01-1.03 5.07-5.09 1.14-1.16 5.21-1.23			
						促销档期	12天			
						促销形式	店内演示+品尝	买赠	海报	堆头
						活动说明	厨师秀	买2瓶饮料送购物袋一个		全品相堆头
区域	渠道	系统	店面级别	店数	促销员配置	单店日均销量	山楂味饮料			
北京	大卖场	华堂连锁	A	7	1	129	1	7	1	7
	大卖场	沃尔玛	A	1	1	129	1	1	1	1
	大卖场	麦德龙	A	3	1	129	1	3	1	3
	大卖场	永辉	A	4	2	70	2	4	2	4
	大卖场	美廉美	A	30	5	70	5	30	5	30
	百货	北京华联	A	9	1	50	1	9	1	9
	百货	新世界	A	1	1	47	1	1	1	1
	百货	北辰购物中心	A	1	1	66	1	1	1	1
	大卖场	物美大卖场	A	16	3	58	3	16	3	16
	大卖场	京客隆大卖+综超	B	60	5	70	5	60	5	60
	百货	百盛	B	1	1	70	1	1	1	1
	便超	7-11		30	0	66	0		0	
成都	大卖场	家乐福	A	7	3	58	3	7	3	7
	综超	伊藤	A	4	4	53	4	4	4	4
	卖场B	美好家园	C	1	1	52	1	1	1	1
	便利店	红旗	B	300		47		300		
合计				475	30		30	445		

促销其实并不是大众所认为的那样，一件10元的商品降价到5元就会吸引更多的购买量。相反，当商品降价到5元后很可能没有利润，甚至是亏损的，而且在现如今的消费环境下，可能顾客都不会去购买降价商品。

你促销的规模有多大、促销的力度有多狠，取决于最终是赔得“血本无归”，还是成为“一夜成名的爆品”，所以需要提前做好项目推演表，看看自己能接受的亏损底线是多少。“一夜打造成一个爆品”的可能性基本不存在，还是需要创业者一步一个脚印，脚踏实地做预算。

促销预算总表

活动时间	活动名称	天数	门店数量		海报	堆头	促销物料	单价	费用	临促数量	临促工资	费用合计	北京
			北京	成都									
5月4个周末	店内演示+品尝	12	22	8	142 000				76 260	52	12 420	230 732	169 203
					27 200		品尝台	250.0	7 500				
							品尝杯	0.3	32 400				
							推广菜谱	0.5	18 000				
							促销员围裙	12.0	1 320				
							蒸锅	300.0	9 000				
							牙签	2.0	360				
							一次性纸盘	7.0	1 260				
							垃圾筒	10.0	300				
							插线板	30.0	900				
							番茄汤品尝产品	5.8	6 264				
							麻辣汤品尝产品	7.7	8 316				
							香肠	8.0	8 640				
6.01-9.30	集点换物	90	133	12					150 000			150 000	137 586
							集点换物卡	0.50	算在促销物料里				
							大礼包装赠品	75.00	150 000				

促销物料及陈列费用预算

项目	名称	单价	数量	总计	备注	推荐程度
促销品类	品尝台（做20张）	115	77	8 855		已算在促销费用里
	促销围裙	12	110	1 320	制作成本约束，余下的围裙做赠品促销	
	品尝纸杯	0.2		17 460		
	推广菜谱	0.5	220 000	110 000	含展会包装内用量	
	节日礼盒	19.2	3 000	57 600		算为包装费用
	冰包	9.5	10 000	95 000		
	促销员工服	60	80	4 800		必不可少的项目
	企业宣传册	2.3	3 000	6 900	综合成本因素算销量	
	堆头插卡	50元/平方米		16 000	预计一半的堆头插卡、围挡可以重复利用	
	堆头围挡	塑料，5000米以上5.5元/平；KT版50元/平方米（建议用塑料的）		19 500	如果做KTV版需要68 400，塑料围挡余3000米，可以当海报/墙贴等赠送便利店	
	集点换物卡	0.5	200 000	100 000		
	纸托	1.5	28 690	43 035	大店77家，190个；小店370家，38个	
	爆炸签	0.4	67 680	27 072		
	小货架	200	50	10 000	可以重复使用	
	隔板	4	1 000	4 000		
	吊旗	0.5	15 000	7 500		可以不做，有需要的话随用随做
	横幅	70	100	7 000	批发市场、便利店用，现用现做	
	海报	1.5	4 488	6 732		
	摇摇卡	0.5	59 840	29 920		
	随心贴	0.2	100 000	20 000		
	易拉宝	90	10	900	展会\批发市场用	
总计				303 359		

促销需要做的是精打细算，也许稍不留神，一点利润都没有了，那么需要精细到什么程度呢？即使只是做一个简单的品尝活动，都需要促销围裙、品尝纸杯、促销菜谱等多个大大小小的物料，如果没有，商场会以促销物料不够、促销力度不大、促销活动不够吸引人而拒绝你，但准备这些物料都是需要成本的，有可能活动做完之后都是赔钱的。

当然，现在是电商时代，是互联网经济，很多人认为网上开店成本很低，但是现在电商平台也开始收一些基本费用了，而且一个手机屏幕是3.5英寸左右，一个屏幕平均展示的单品是10多个，你的产品在全中国的“商品大潮”中进行竞争，很难被客户一眼看到。若想崭露头角该怎么办？做活动、做秒杀、做人气、做红包等，而且需要做详情页，找设计师做海报、找产品配饰等，这些都是成本，不精打细算就没有利润。把这些小成本核算完后，还需要给电商平台交大量的费用，而且首先产品价格要足够低，其次产品要足够爆，所以核算下来，其实和过去所需的费用没有太大差别。

三、品牌策略类

很多人认为，品牌是富人的奢侈品，其实有一定的道理，品牌部不是外部看起来的那么光鲜亮丽，而是有强大的数据依托和媒体策略的支撑。下面是从线上、线下、各城市费用占比等多个角度，来展示全年媒体策略的专业性和科学性，这也是验证的一个过程。

线上线下总体分配

辐射范围	费用占比	年度总计
全国/线上	32.6%	652
区域/线下	67.4%	1350
合计	100.0%	2002

各城市线上线下总体分配

城市	费用占比	小计
全国线上	32.57%	652
北京	15.08%	302
上海	16.48%	330
深圳	14.69%	294
杭州	11.34%	227
成都	9.84%	197
线下合计	67.43%	1350
总计	100.00%	2002

各城市各季度线上线下总体分配

城市	一季度	二季度	三季度	四季度
北京	23	134	142	3
上海	43	138	146	3
深圳	19	128	144	3
杭州	34	82	78	33
成都	34	72	58	33
线下合计	153	554	568	75
线上合计	79.6	286	169.8	116.6
季度总计	232.6	840	737.8	191.6

各城市各月份线上线下总体分配

	3月	4月	5月	6月	7月	8月	9月	10月	11月	12月	小计
北京	23	71	51	12	12	65	65	3	0	0	302
上海	43	73	59	6	0	73	73	3	0	0	330
深圳	19	49	53	26	6	69	69	3	0	0	294
杭州	34	54	28	0	0	39	39	3	15	15	227
成都	34	44	28	0	0	29	29	3	15	15	197
线下合计	153	291	219	44	18	275	275	15	30	30	1350
线上合计	79.6	60	148.5	77.5	58.1	66.1	45.6	84	11	21.6	652
总计	232.6	351	367.5	121.5	76.1	341.1	320.6	99	41	51.6	2002

第五核心要素：做好充分的资金准备。

做生意是要有资金的，创业是要投钱的。这个铁律大家都懂，所以就衍生出了两类极端的创业者。

第一类：讲理想、讲规划的时候信心满满，待投钱的时候却闭口不提。

60%的创业只走到这一步。好多人灵光一现，有了好的创业想法，开始热血沸腾地到处找人演说他的创业理想，甚至还做了完美的项目计划书和预算，但是真到每天真金白银地往里面大把投钱的时候，就打退堂鼓了，最终找了多个借口把项目停掉了。

这类现象还容易发生在合伙人身上。创始人一腔热血开始着手启动项目了，几个合伙人也是雄心壮志，可是一到需要资金的时候，这些合伙人的各种问题就来了，要么是家庭情况，要么是最近急需用钱，总之不愿投入金钱。在这种关键时候，对创始人来说简直是雪上加霜！这些所谓的创业合伙人，没有摆正自己的位置，没有理解创业的根本意义。所以最终的结果要么是团队分崩离析，创业失败；要么是团队震荡，重新筛选合伙人。

第二类：认同“创业必须得有投入”这个铁律，把创业当成了无底洞，不断地投钱进去。

这类人在创业之初往往没有做过系统的规划，但是他们有一个执着的信念和勇往直前的决心。公司需要投入，他们就会义无反顾，公司的各种开销他们忍痛支持，他们坚信有付出就有回报。创业的公司就像一个无底洞，天天要花钱，到处需要钱，每天在迅速吞噬着创业者大笔的血汗钱。更可怕的是，手头上的钱很快花完了，这些执着的创业者就开始卖车、卖房，继续填充这个无底洞……

虽然也有很多创业成功的案例，比如史玉柱就是借钱创建的脑白金；周末去哪儿App的老板，就是把自己的房子卖了给员工发工资的，现在公司估值过亿。但是他们是做了充足的准备的，提前做了整体规划，以及安排好了资金准备。

这里所说的充足的资金准备是这样的。

1）首先要有初步的预算，计划第一笔投入多少钱，并且期望能产生多少效果，比如收入多少，客户多少，粉丝多少，下载量多少等。

2）如果能够达到预期效果，那么就需要有滚动资金开始周转，比如，一次投入50万元，每月收入10万元，那这10万元就是滚动资金，可以再支配（一定要做到收支两条线平衡，这属于财务管理范畴）。

3）企业要做大，肯定要有后续充足的资金准备，比如，达到前期预期目标后，第二笔资金是个人继续再追加，还是找合伙人加入，还是吸引投资人投资。需要有清晰的战略和充足的人脉及资源准备。

4）如果对收益预期有较好的看法，并且每一步都是按照设想的目标来实现的，或者比设想的还要好，可以考虑用借债或贷款等方式来追加投资。前面提到的史玉柱和周末去哪儿的总裁属于这种情况，他们看到了良好的生机和无限的前景，所以会想尽办法追加投资。

5）如果项目没有达到预期目标，就一定要找原因、调整方向，想方设法接近目标，而不是盲目追加投资，这个时候可以少追加部分投资，看项目有没有进展和起色。如果有起色，说明原因找对了；如果仍然没有起色，继续找原因。

6）如果调整3次以上，仍然距离目标很遥远，或者项目没有突破性的进展，就要果断止损，赶紧停止投资。

不要害怕失败，失败的原因可以慢慢找，也许是项目不行，没有市场，那就等有了合适的市场机会再说；也许是市场不错，但自己能力不足，那就赶紧去补课。

总之，要有一个良好的心态，可以在有前景的项目上奋力投入，也应该可以在看不到希望时及时止步。

第六核心要素：做好必要的潜在客户准备。

这里有一个不成文的规律，如果你的项目在没有正式运作之前就有很多人喜欢，甚至有一些人愿意买单，那么做这个项目成功的可能性就非常大。

这里只是说明一个道理：你的产品或服务想卖给谁？先找一些真正的客户试一试，看看客户是否真心愿意花钱去买？而访谈、调研一般没有多大作用，主要是实践。

比如，你是一个策划高手，想自己开广告公司或咨询公司，可以先免费给别人出方案，得到初步认可之后再谈费用，如果一谈费用客户就说“我再考虑考虑吧”，那创业的事你也需要再考虑考虑。如果客户愿意跟你谈价格，愿意为你的劳动成果支付报酬，那就说明这是有市场价值的，创业成功的概率就会大很多。

第七核心要素：创业者要有扎实的基本功。

1 积极面对困难，并迅速找到解决办法。

这一条的要求其实挺高的。老板的职责不是做具体业务，而是给出目标、引领方向、并帮助所有人解决困难！老板要解决的困难包括公司内部困难，也包括客户的困难。能解决公司的内部困难，员工的凝聚力才会强。能解决客户的困难，客户才会给你订单。

这些困难不但有技术层面的困难，也包括资金、人脉、客户来源等方方面面的困难。是的，老板就是要全能。当然，老板在解决困难的时候，是可以借助外力的，可以聘请行业专家，但这并不意味着老板就可以完全放手不管了，必须要能领导专家、识别专家，最终让专家达成自己想要的目的。

2 有时候也需要放低姿态。

我们印象中的老板都是意气风发、威风凛凛的，他们谈笑间就能拿下各种订单，但这些都是经过磨炼之后成功了的人。即便是成功了的人，这样的场景也不过是被美化了的。

很多时候都需要默默承受一些自己都不愿意承受的事情，下面这个典型的案例值得我们深思。

方小姐开了一家花店，一直生意冷清，没有顾客上门。后来有人提醒她说：附近有一所大学，学生们送花多，可以去那里做推销。方小姐就去大学里推销了，怎么推销呢？不是发传单那么简单，方小姐抱上自己的鲜花，挨个去男生宿舍敲门，敲门之后不谈卖花的事，只是聊天："你看一看我们的鲜花，能说出花名来就送你一支。"一大堆男生看这么一个小女生来卖花也不容易，而且还送，也不好意思赶她走，都很有兴趣地会跟她聊一聊。方小姐就借机把订花电话留在每一个男生宿舍，甚至塞到每一个男生的手里。这样坚持了半个月之后，方小姐花店的电话被打爆了，一下子成了当地大学送鲜花的必选之地。

3 委曲求全与高瞻远瞩并存。

很多时候，创业公司为了生存、为了赚钱要做一些与主营业务无关的事情，这个时候老板就要把握好方向，既不能忘了主营业务的方向，忘了公司的核心业务，也不能为了捍卫公司的核心战略，而把现成的订单拒之门外。完全可以先接下订单保证生存，再等公司没有生存危机的时候集中精力做核心业务。

4 **要有超强的学习能力。**

现在的知识更新非常快，无论你过去有多强，都要不断学习，适应新的环境变化。其实学习新东西并不难，难的是要有开放的心态，要有乐于接受新事物的能力。你也可以不喜欢当下流行的风格，你也没有必要刻意模仿它，但是却应该接受他。最好抱着一种欣赏的态度来看他的长处，抱着一种理解的心理来探寻他们为什么会存在，为什么会这么受当今年轻人的喜欢。只有这样才能不断博采众长，让自己的企业永远走在最前列。

5 **要有超强的人际交往能力。**

当老板要跟形形色色的人打交道。而且老板的角色在时刻不停地切换，在员工面前是领导、在客户面前是服务者、在主管政府面前是下级、在竞争对手面前是博弈者……老板要适应多种角色的切换，并且要在一场又一场的人际较量中保持胜出，那么超强的人际交往能力是必不可少的。成功的老板很少是内向的，相反，他们机智、幽默、反应敏捷。

6 **要有一个强健的体魄。**

如果没有强健的体魄，加班两天就会头晕脑涨，关键时候体力不支的情况也可能会发生。想创业先赶紧强身健体吧。强健的体魄是保证大脑高速运转的首要前提！而大脑只有高速运转才能保证思维敏捷，周到地处理各种事务。当然，很多时候创业也是要拼体力的，比如连续出差、熬夜、赶项目，这都是体力活，没有好的身体一切免谈。

7 要有一个强大的内心。

在每年的自杀人群中，因创业失败而自杀的占了不小的比例。创业是最“受委屈”的一份差事。任何人都可以说你的商业模式有问题、你的管理思路有问题，任何一个客户都会挑剔你的产品。面对以上种种，若没有一颗强大的内心，迟早会崩溃。既能坦然接受别人的意见，又能平和地面对各种挑衅、误解和指责，是一个成功创业者必备的要素。

8 拥有超强的口才与演讲能力。

想当好一个创业者，不如先当好一个演说家。

创业者需要不断说服投资人、说服合伙人、说服客户、说服消费者、说服员工……还要不时地进行项目展示、客户提案、融资路演……以上种种，都需要创业者具备良好的口才能力和演讲能力。不要指望这样的工作由其他人来代替。如果有一天真的能有人替代你做这些工作了，要么你已经相当成功了，要么他迟早会成为你的竞争对手！

9 熟练运用 PPT、Word、Excel 等办公软件。

这不是个笑话，很多意气风发的年轻人创业时，连Excel表格都做不好，有的根本做不出来像样的PPT。创业者需要具备超强的预算和规划能力、需要具备超强的演讲能力，不会这些最基础的办公软件，再好的想法没有表达的途径，谈何成功？

10 熟练掌握各种手机应用、智能终端等现代化高科技应用。

现在是移动互联网时代，与时俱进、跟随潮流方能顺势而为，成功的可能性才更大。在这个时代下，无法熟练运用各种手机App工具、对各种智能终端谈之色变……只能说这就像十年前不会用电脑，依然手工记账、手写发言稿一样，会被社会淘汰，更何谈创业成功？

第八核心要素：必须理清楚打工和创业的关系。

1 "打工和创业"其实是一种相辅相成又相生相依的关系。

打工	VS	创业
才能：在某一专业领域才能突出 **对谁负责**：对领导负责，实现领导的想法 **人际关系**：拥有良好的人际关系，才有可能顺利推进项目 **对待失败**：若项目不成功可以跳槽		**才能**：必须是全才 **对谁负责**：对自己负责，实现自己的想法 **人际关系**：保证项目成功是唯一的目的 **对待失败**：创业失败基本等于一次人生的失败，是一生当中不可磨灭的痛，但也是宝贵的人生经历

打工和创业都需要具备的素质

高度的责任心、克服困难的能力、自我学习的能力、自我约束的能力、良好的沟通能力、吃苦耐劳的精神……无论是打工还是创业，这些都是必不可少的基本技能。或者说，这些已成为在现代社会生存的基本能力。

也就是说，能打好一份工，才有可能创业成功。你在职场中的优秀，并不代表有能力去创业，甚至成功。但反过来说，如果你在职场中什么也做不好，那么创业成功也是天方夜谭。

2 有没有做好辞职去创业的心理准备。

50%以上的人跳槽是因为心里觉得憋屈，觉得上司不理解自己的想法，不认可自己的能力，所以想出去做一番事业。或者说想找一个能实现自己价值的地方，于是就辞职去创业了。更糟糕的是某些人认为自己“天生有才”，认为自己是干大事的人，于是以创业为借口浑浑噩噩地过了好多年，最后一事无成。

这里需要再次提醒的是：创业并不是你干不好眼前的工作了，所以去创业。而是你看准了一个机会，并且有清晰的路径知道一步步具体该怎么做并且有足够的资源支持你这样做，这才是创业的初衷。也就是说创业能成功的人，基本上干什么事情都能成。

就像杂交水稻之父袁隆平教授，他曾经是个数学天才，在体育方面也有专长。也就是说袁隆平即使没有钻研杂交水稻，而从事了其他领域，也一定会在其他领域取得同样卓越的成就。

所以，奉劝在工作中彷徨的人们，如果你正在纠结要不要辞职去干一番事业，先对照上面两条看看，自己属于上述哪一种情况，再决定自己下一步何去何从。

3 即便曾经创业，也可以回头去企业工作。

创业成功的概率是比较低的，每个人对创业成功的定义也不一样。经历一番创业之后再进入职场工作也是一个很好的选择。并且有诸多优点：做事会更踏实沉稳，会更珍惜眼前的一切。但也有一些人创业后会雄心不减，在找机会积蓄力量进行第二次、第三次甚至第四次创业。所以创业能否成功，都是人生的一笔宝贵财富，经历创业的洗礼，再去工作亦会绽放出绚烂的光芒。

第九核心要素：必要的时候应迅速止损，这是创业失败的底线。

如果在经历一些困难或挫折之后，经过判断，预估项目并不会取得成功，就需要即时止损。但有时候因为一些因素会让创业者在错误的道路上越走越远。

因素一：各种心灵鸡汤的刺激。

如今，各种心灵鸡汤泛滥，鼓励大家凡事要坚持、要懂得付出，甚至会说只要不放弃，也许最后一锤子就可以掘到金子了……

所以很多人在创业迟迟看不到起色的时候，被这些鸡汤所鼓舞，认为是自己的努力还不够，认为自己只要坚持下去就一定会有回报，更认为自己前期已经投入了那么多的时间、金钱、感情，如果放弃实在是可惜，所以就不停地继续投入、继续赔钱、甚至倾家荡产孤注一掷！

这里所说的不要盲目坚持，是指在看不到希望的光芒时仍继续走下去！当然遇到困难不能轻言放弃，但是总得能想办法解决困难。困难解决了，再继续前行，这叫坚持，是胜利者；困难没解决，还一味按照老路子去走，那叫一条路走到黑。

坚持的前提是项目在不断地好转、每天的销售额在不断地攀升、找你的客户越来越多……在这种有希望、有良好势头的前提下坚持方为上策。

如果说看不到起色、看不到希望、看不到一天比一天好转，并且也没有更好的办法或能力改变这一现状，那么赶紧暂停项目，拒绝再往这个项目里面输血，可以停下来思考整顿，也可以调整方向以备再战，甚至暂时终止项目也是可以的。千万不能因为心疼前面已有的付出，而一味地继续赔钱。

因素二：各种“先免费、高补贴、未来挣大钱”的创业神话刺激。

自从360率先把杀毒软件免费了，滴滴、快滴通过用户补贴抢占了巨大市场……这种烧钱做生意的方式就被广泛模仿，各个创业者怀揣童话梦想，认为短期内亏钱没有关系、不图利润，未来会把整个行业的所有用户都拿下。于是在这种新的竞争格局诱导下，多少创业者前赴后继，开启古人都无法理解的“赔钱买卖”模式，成功新秀也有，但都是资金雄厚的行业寡头所为，大多数新兴创业者都被拍在了沙滩上，没能等到那个巅峰世界的美好春天到来。这样的真实案例有很多，诸如考拉班车、呱呱上门洗车、一起唱吧……

奉劝创业者们先考虑清楚，看看自己有没有颠覆世界的实力，即有没有源源不断的后备资金。

如果你的企业战略就是通过大量贴钱快速获得用户、抢占市场，请务必看一下前面提到的创业成功核心要素。此外，如果项目没有按照你的设想快速斩获大量用户、快速抢占市场，那么基本就属于烧钱了，而且是白白烧钱……这个时候应快速止血，赶紧调整策略，方不会越陷越深。

更可怕的还有这样一种情况：企业战略不是快速获得用户，而是一开始就想挣钱，可是忙碌了很久企业却一直亏钱，这个时候千万不要麻醉自己：企业暂时亏钱没关系，未来能获得更大的市场、更多的收益，现在时机未到，投入的还不够。于是投入越来越大，亏损越来越多，直至最后血本无归。

所以，再次强调：止损如止血！企业的确需要不断追加投入、企业也可以在一段时期内亏损运营，但前提必须是企业整体状况在一天天好转，企业的希望在一天天变得清晰。

第十核心要素：想清楚应如何定义创业成功。

仔细想想，“成功”确实比较难定义。曾经盛极一时的诺基亚算不算成功？最终被历史淘汰了！当年的乐凯胶卷家喻户晓，如今也只成了老一辈人的记忆。还有当年的健力宝、旭日升冰红茶、永乐电器……很多这样的品牌由盛转衰，最后淡出了人们的视野，他们算不算成功呢？难道说只有百年企业才算成功？其实我认为，他们至少成功过！

每个人的需求不一样，每个人对成功的定义也不一样。如果只有那些长盛不衰的百年企业才算成功，那创业这个独木桥最好别走，能挤过这座独木桥并保持百年不衰的人实在是太少了。而有些人就很清楚自己想要的是什么。何谓“成功”在他们心目中也有清晰的定义。有些人认为，只要能够做自己喜欢的事情，发挥自己的一技之长，就算很成功了；有些人梦想开一家自己喜欢的小店；也有人致力于坐拥一家甚至几家上市公司；当然更有人希望改变世界、造福人类。这些理想都没有错，对成功的定义各有不同，只要是自己心里想要的就好。而理想是可以一步步放大的，成功也是可以一步步升级的。切忌好高骛远，空想着一步到位。

当能力配不上梦想的时候，会非常痛苦。比如：若一个人只有开小卖部的能力，却终日抱恨自己没能做成全球连锁超市，这种现实和理想的落差，会使人特别痛苦。当然，这也不是不可实现的梦想，但梦想是有节奏地实现的。一年之内开一个小卖部，目的就是让这个小卖部赚钱；第二年可以开两家小卖部、之后可以扩大业务、可以做大型超市……一步一个脚印，几年之后可以做成连锁超市。如果机遇合适，再做全球业务。但切记，一定要踏实地走好每一步，并且每一步都要有清晰的路径，而不要天天奢望一步到位，总盯着终点的目标而不给自己找路径。

各位亲爱的伙伴们，你们的梦想在哪里？你们心中对成功的定义是什么？你们的路径清晰吗？坚定自己的理想，设定好清晰的目标，牢记“创业成功的十大要素”！无论你是否准备创业，抑或是已经在创业的路上，相信都会有所收获。